#たりたら

やりたくないことは
やらなくていい

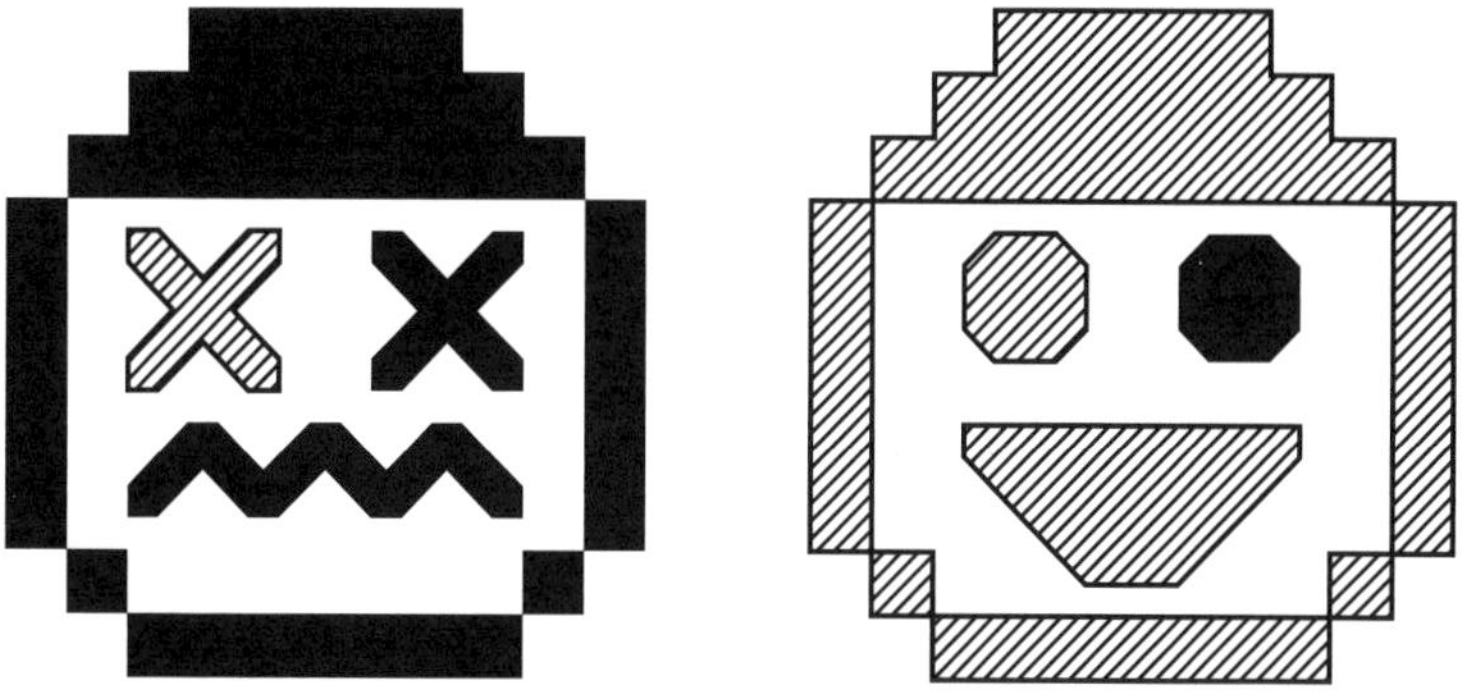

レディオブック株式会社代表取締役
板垣 雄吾

GENTOSHA

はじめに

レディオブックを法人化し、iPhone事業を始めて1年後の冬。

僕は横須賀の街をとぼとぼ歩いていた。

手元に残ったのは5000万円の借金。そして妻と、幼い娘と息子がいた。それまで一緒に事業を進めてくれていた仲間は全員去っていった。当座のキャッシュはたった300円になっていた。

なんとも切なかった。自分がやってきたことは間違っていたのだろうか？　ミュージシャンとしても、格闘家としても、そして実業家としてもやっぱりダメなのか？　僕は、またしても何者にもなれないのか……。

やりたくないことでもなんでもやって稼ぐしかないのか。

「親の言うことを聞いて、普通に生きないからそうなるのよ」

母親の、してやったり、という顔が目の前に浮かんできた。ぼーっと歩いているとハローワークの看板が目に入った。あぁ、こんなところにあったんだ。赤や緑の看板が目の端に映《うつ》る。美しい女優たちが幸せそうに笑っていた。そうか、街金……。

いや。もう、ひっぱれるだけひっぱっているだろ。

金がない。信用もない。生来楽天的な僕も、さすがにこの時はずっと胃が握りつぶされているような痛みと焦燥を抱えていた。

でも、たったひとつ残ったものがあった。

僕には「この事業は絶対に成功する」という自信があった。成功までのロードマップも描けていた。失敗した理由も分析できていた。そして心強いことに妻も「家のことはなんとかするからやりなよ」と言ってくれていた。

だから守りには入らなかった。不安に押し潰されそうだったけれど、５０００万円の負債を抱えながらもさらに借金をして、勝負に出た。

iPhone 事業の内容をもう一度整理し、ホームページを刷新し、ブランド「i+Remaker」として再出発した。ロゴも新しく制作した。そして友人や、取引のあった方々をひとりひとり訪ね歩き、ビジョンを語り、出資を募った。

雨に打たれてぐしゃぐしゃに汚れたＡ４資料１枚を片手に、２時間近く中華料理屋で語り続けたこともある。

必死だった。


すると、ひとり、またひとりと僕に共感してくれる人が現れた。

「板垣さんを信用するよ」

たったそれだけの理由で、命の次に大切なお金を。また、今お金はないけれど手なら動かせるから、と能力を差し出してくれたのだ。

もちろん誰もがそうじゃない。にべもなく、「何フザけたこと言ってんだ。さっさと、金、返せよ！」と（当然だけど）怒鳴られて、ひたすら土下座を繰り返したこともある。

「また失敗するに決まってるよ」

これも耳にタコができるくらい聞いたな。

悔しかったけれど、僕にはひとつの信念があった。

「やりたくないことはやらない」

これを子どもの頃から繰り返して繰り返して、やりたくないことを潰して潰して、さんざん失敗もして、回り道もして、辿《たど》り着いたこのiPhone事業、そして「i+Remaker」は、自分にとって最高に「やりたいこと」なのだ、と。

このバックボーンがあったから、忍んで耐えられた。

助けてくれた人たちとともに攻め続けていった。

それから1年後。

事業は軌道に乗った。5000万の借金は全部返し終え、ブランド「i+Remaker」は着々と成長していった。そして現在このブランドは、単体で2億円以上の売上を上げてくれている。

*

さて。

さっきも書いたけれど、僕の座右の銘は本書のタイトルでもある、「やりたくないことはやらなくていい」だ。いつからそう言っているのかと聞かれて答えると、いつも驚かれるんだけど、実は6歳くらいの時から思っていた。

なぜそう思い始めたのか？ 詳しくは本編を読んでほしい。

それで、やりたくないことはやらなくていいんだよ、と周りの人に言うと、決まってこんな言葉が返ってくる。

「とはいえ、やらなきゃいけないことは、あるじゃん」

「世の中そんなに甘くないですよ」

「やりたいことだけやっていたら、人間ダメになるよ」

うん、言いたいことはよくわかる。その怖さも理解できる。

だってやりたくないことを探して、それが今自分がやっている仕事の、いや仕事だけじゃない、起きてから寝るまでの時間、言うなれば人生の９割を占めていたら、自分の存在意義も仕事する意味も、すべてガラガラと崩れてしまうからね。

でもだからこそ、僕は君にあえて言う。

「やりたくないこと、今すぐ探して紙に書き出してみなよ」

そしてひとつひとつ、できることからそれを潰していってごらん。

たとえば「企画書を作るのがやりたくない」のならば、君の想いを語ったらそれをＡ４１枚で形にしてくれる人を探してみたらいい。

そんな人いるはずがない？　いや、ちゃんと探すと意外といるものだ。「今度１杯おごるからさ、お願いしたいんだ」と真剣に想いを語って頼めば、案外すぐに見つかるかもしれない。

そうやって懸命にやりきって、たとえば3つの「やりたくないこと」から解放されたとしよう。

後ろを振り返ってみてほしい。

君はきっとその3つ分、人としてレベルアップしているはずだ。

もちろん君の仕事もその3つ分、強くたくましくなっているだろう。

何より間違いなく、君は以前よりその3つ分、毎日が楽しくなっているはずだ。


それでも、やりたくないことは、まだたくさん残っている。

実は僕だってこういうことを言いながら、まだまだたくさん残っていると自覚している。

たとえば、資金調達とか、銀行との交渉とか、お金、特に銀行関係は今、僕の中ですごく「やりたくない」ことだ。だから僕は去年からずっと「脱・銀行」を目指して、色々と考え、動いている。

そうやって常に、

「やりたくないこと」を探す

←

「やりたくないこと」を潰す（代替手段を探す）

←

「やりたくないこと」を探す

このループを繰り返してみよう。

するとある時、君は自身の「理想の人生」がどんどん明確になっているのがわかるはずだ。

そう、逆説的だけど実は、**「やりたくないこと」を探すことは、「やりたいこと」をあぶり出す作業**なんだ。

こんなふうにして、僕は生きてきた。反発も多かった。死ぬかと思ったこともある。

でも文章を書いている今もこうして、再開発されてきれいになった渋谷ストリーム近くの事務所で、気の置けない仲間たちとともに毎日楽しく事業を進めている。

日本一有名なホームレスとか、無料でベビーシッターをしている人とか、色々な人が毎日訪ねてきてくれるし、笑いも絶えない。

好きな時にジムに行って体を動かしているし、何より余計なストレスがないからか、ここ何年か、まともに病気をした記憶もない。

羨ましいって言われるけれど、本を読んでくれればわかる通り僕はまじりっけなしの「凡人」だ。だから君も、あきらめるのはまだ早い。

僕がちょっと変わっていたのは、何度も言うけれど「やりたくないことはやらない」を妥協しなかった、それだけなんだ。でもこれだって、初めて聞くと大変なことのように思えるけど、ちょっと考え方を変えるだけでいい。

楽しい方へ、行きたい方へ、心向く方へ。

この本を読んだ瞬間から人生が変わる！　なんて期待は絶対にし

ないでくれ。でも、たぶんもうちょっと面白い人生になるってことは、保証しよう。

さぁ。新しい世界の扉を開けに行こう。

あ、そうだ。ひとつ言い忘れていた。
手元にiPhone、もしくはスマートフォンを、忘れずにね。

板垣雄吾

２０１９年３月

目次

第2話　鍛錬と復活

第3話 やりたくないことは、やらなくていい

第1話
脱出と挫折

「ドナドナ」を覚えているか？

「母さん、あったかいね」

新幹線の窓から差し込む強烈な日差しに僕は目を細める。

1986年、6歳の冬だった——。

＊

僕は小学校から高校を卒業するまで、青森県の弘前市で過ごした。

青森、ってことでわかると思うけど、冬が来ると、街のすべては重くてぶ厚い雪に覆われてしまう。学校へ行くのも買い物ひとつするのも、すべてが重労働だった。

おまけにそんな物理的な閉鎖的状況とともに、周りの大人たちの精神的な閉鎖性みたいなものを僕は感じていた。雪の中で生きていかなければならないという、諦念《ていねん》から来る消極性……もちろん違う大人もいたけれど。

母親は鳥取県、父親は青森県の出身だった。

両親は東京で出会って、結婚し、１９８０年に、僕は長男として静岡県で生まれた。１９８０年ってどんな年かっていうと、あの長嶋茂雄さんが巨人の監督を退任して、王貞治選手が現役引退した年だ。山口百恵さんと三浦友和さんが結婚した年。「竹の子族」「なめ猫」「ルービックキューブ」なんかが流行《はや》っていた（らしい）。

父親は某大手小売業に勤めるサラリーマンで、典型的な転勤族だった。僕が大きくなってきたこともあり、実家の方が何かと都合がよかったんだろう（転勤の対象になりにくい）。

僕は静岡で生まれ、３歳から横浜で過ごし、６歳からは父親の実家がある青森・弘前に移り住むことになった。

東北へ向かう車窓からの風景は、今でも鮮明に覚えている。よりによって、やけに天気がよかった。すべてがまぶしく反射していた。車窓から見えたのは、にょきにょきと生えた横浜のビル街。それがどんどん遠ざかって小さくなっていく。

隣に座った母親の横顔は、光の加減で、薄いグレーに覆われていた。

悲しそうだったのか、嬉しそうだったのか。僕は全然覚えていないけれど、ただ、覚えている感情がひとつある。

「行きたくない……」

小さな小さな悲しみのような感情だったけれど、でもこの時に抱いたこの感情が、確かに「やりたくないことはやらない」という僕の核、人生の原点になったのだと思っている。

そしてそれを育てたのが、間違いなく引っ越し先の、弘前という土地だった。

弘前は僕にとって、

「やりたくない」

がこれでもかとばかりに詰まった土地だったのだ。


今の小学生は習わないと聞いたのだけど、後に僕は小学校で「ドナドナ（安井かずみさん訳の、元はイディッシュという中東欧ユダヤ文化で生まれた童謡だ）」を習った時、かつての車窓風景がフラッシュバックした。

♪ドナドナドーナードードーナー、こうしをのーせーてー♪


牧場から市場へ売られていく子牛。

そこに自由は、ない。

遊び場は自分で作れ

「ユーゴくんちはいいよね！　スーファミ買ってもらえてさぁ」

小学生の頃、任天堂のスーパーファミコン（略してスーファミ）が爆発的に流行っていた。カセット（ゲームソフト）の端子部にフーフー息を吹きかけてからガシャッとセットする。今の子には考えられないアナログさだろう。

僕の家にクラスの友達が集まってきて、わいわいピコピコと遊んだ。「ゼルダの伝説」「マリオカート」「ストリートファイターII」。新作ソフトがどんどん発売されていて、テレビ画面の中には夢があった。

母親はとても勉強にうるさい人だったけれど、子どもたちの遊びは遊びとして、しっかりと環境を整えてくれていた。けっして裕福ではなかったはずだけど、家計を切り詰めて、スーパーファミコンなどのゲーム機、そしてゲームソフトを買って与えてくれた。

しかし、時間に関しては厳格だった。２～３時間も経つとスーパーファミコンは強制的にシャットダウン。友達は全員帰され、僕はその後机にかじりついて勉強をした。

ちなみに、あんまり書くと多方面に迷惑がかかりそうなので濁すけれど、母方の親戚は政治家や医者ばかりで、まぁ一言で言うと、ハイソな家系だった。

そのため、僕自身は勉強は嫌いだったけど、休みの日だろうがなんだろうが関係なく、午後はひたすら勉強する生活が続いた。

あんな生活、今やれと言われても絶対できない。

でも、母親の信条で今も感謝していることがある。

それは「遊び場は自分で作れ」ということだ。

さらに言うと、「誰かが集まってくる場は自分で作れ」ということになるかな。

母の出身は前述の通り弘前じゃないんだけど、初めての土地でよくこんなに友達を次から次へと作っていくな、と僕も子ども心に驚いていたくらい、とにかく友達が多かった。

その要因のひとつは間違いなく環境づくりで、母は何かと家に友達を招待しては、お菓子をつまみながらたくさん話をしていた。

とてもとても、楽しそうだった。


だから僕も今、レディオブックの事務所は、ふらっと誰でも顔を出して、笑い話をしていける快い空間にしよう、事務所っぽくならないようにしよう、と心がけている。

そう、ちなみに今レディオブックの事務所には、Nintendo Switchを常備している。打合せとかで集中力が切れたら、社員でもお客さんでもやってくれていいし、僕自身は「ゼルダの伝説」にハマっている。美しいグラフィック、数々の仕掛けはさすがの任天堂だ。

いや、何も今回装丁をやってくれた前田さんが任天堂出身だから持ち上げているわけではない。ちなみに編集の片野さんがこの本を作っている途中に結婚したので、２０１８年末に、Nintendo Switchと「大乱闘スマッシュブラザーズ SPECIAL」をプレゼントした。

今度事務所で対戦しようと思う。

話がそれた。

というわけで僕は小3くらいから勉強漬けにされていたわけだけど、とはいえ、残念ながら素直に親の言うことを聞く子どもではなかった。

脱出大作戦開始！

ガリ勉して進学校に行き、旧帝大もしくは有名私立に入り、国Ⅰを受けて官僚、難しければ地方公務員に……。

母親が勧める、地方出身者ならわかるだろう地方あるあるの「優等生コース」を、自らを殺していやいや勉強しながらやるほど、僕は律儀ではなかった。

この頃には確固として「やりたくないことはやらない」と考えて

いたし、そしてもうひとつ、そのルートを歩みたくない理由があった。

前述の通り、僕の父親は大手小売業で働く、いちサラリーマンだった。土日も仕事に出ていたり、接待だったりで、ほとんど家にいるのを見たことがない。一緒に遊んだ思い出もほとんどない。寂しかった。

でも母親は、

「お父さんはあなたのために身を粉にして頑張っているのよ」

と言い続けた。小学校低学年の頃は、お父さんすごいな、頑張っているんだな、えらいな、と考えていたけれど、そのうちに、

「なんだそれ？」

という感じになっていった。

疲弊した父親の顔。気を使う母親の顔。

そして何よりおこづかいをもらうのが、ものすごく悪いことだという印象があった。

働くって、いやなことを我慢することなのか？　それが、大人になるということなのか？

大人になるメリットがどこにあるのか、わからなかった。

だったらやはり、やりたくないことは今からすべて排除していくしかない。可及的速《すみ》やかに動こう……。


そんな考えの中で、では実際にどう行動したか。


まず僕は、母親を含めて周りの人を徹底的に観察し、どこかに抜け道がないかを常に考えた。

たとえば、この授業のこの先生はこのタイミングでサボっていても絶対にばれない、とか、母親は何時から何時は料理しているから、この時間帯はゲームをしていても大丈夫だな、とか。両親も祖父母も何時から何時まで寝るから、この時間帯に寝たふりをし、夜この時間に起きたらゲームをしていても大丈夫だろう、とか……。

そして「どうやって逃げるか」を突き詰めていった結果、僕はある結論に達した。

「そうだ。なんとかして、東京に行こう」

勉強もいやだ。弘前もいやだ。だったらもう、これしかない。

「東京に行きたい」

小5くらいだったろうか、そう母親に告げると、

「大学に行くならいいよ」

という条件が提示された。なるほどタダではやっぱ無理か。大学か……勉強必死で頑張るか……。

——いやいや、あきらめたらそこで終わりだ！　何がなんでも最低限の勉強量で東京に行こう！

そう考えた僕は、次のような手段を考えた。

弘前にも進学校と呼ばれる高校は何校かある。当然、大学に行ける確率は上に行けば行くほど上がるだろう。しかし同時に、必死に

勉強する必要もある。

そこで、親が納得できるある程度の偏差値と歴史があり、かつ、指定校推薦枠を潤沢に持っているレベルの高校に入ることにした。

街の本屋で受験案内を立ち読みしたり、色々と先輩から評判を聞いたりして選んだのは、東奥義塾高校。

江戸時代、寛政8年に創設された藩校の「稽古館」を前身としていて、創立から140年以上が経つ伝統校だ。でも偏差値はそれほど高くなかったので、ここなら進学コースだとしても学年でトップテンに入ることは自分ならできるだろうと目算を立てた。

そんなことを胸の中で考えながら、母親の前では我慢して必死に勉強しているふりをして、ほどほどに手を抜きつつ、僕は地元の中学に進んだ。

ボール拾いに意味はない

生まれ年の説明の時に、なぜ野球を持ち出したか。実は僕は、小学校の頃野球をやっていたのだ。子どもらしく将来は野球選手になれたらな、とも思っていたし、中学に上がってもそのままの流れで野球部へ入った。

でも、１９９４年、僕が中学2年の時、アメリカでＦＩＦＡワールドカップが開催された。

その時のイタリア代表にロベルト・バッジョという選手がいた。「イタリアの至宝」なんて呼ばれていて、プレーはまさにファンタジスタ。魔法のような足さばきに僕は熱狂して、サッカー部に入りたい！　そう思った。

だけどそもそも、その中学にはサッカー部がなくて、何より最初に入った部を辞めて他の部に移るなんてことは、手続き的にも心情的にも、かなりやり辛いものがあった。というか不可能だ。

だから僕は、惰性で野球部に居続けることになった（まぁ今思えば、本気だったら、かの有名な強豪・青森山田高校を目指すという選択肢もあったのだけど……）。


そんな状況で野球を楽しめるわけがない。それに中学校ではレギュラーメンバーになれず、背番号すらもらえなかった。プレーはそこそこできていたし、なぜ僕が選ばれないんだ、とすごく悔しかったのを覚えている。ただ一方で、監督は僕のやる気のなさを見ぬいているんだろう、と子ども心に考えていた。


つつがなく試験をパスし、晴れて当初の計画通り東奥義塾高校に入学すると、そこには念願のサッカー部があった。

「よし！　これでようやくサッカーができるぞ！」

入学してすぐにサッカー部の部室へ行き、入部した。

だけど、サッカー部での活動は、全く自分の思い描いたものではなかった。初心者だからということもあったろうけど、やらされたのはえんえんと先輩が蹴ったボールを拾うことばかり。

マンガみたいな展開だった。

「うーん、球拾い部に入った覚えはないな……やる意味もわからないし、楽しくないな」


そう、僕はボール拾いには意味がないと思っている。

たとえば格闘技の１０００回スクワットには意味がある。きついし無駄なシゴキだという批判もあるだろうが、１０００回やった分だけ（もちろんもっと効果的なトレーニング法はあるが）脚や腰の筋肉が鍛えられる。精神的な強さも手に入る。

まぁ、１万歩譲って、ゴールキーパーを目指している子だったらかすかな意味があるだろう。手を使うんだし。

しかしフィールドプレーヤーを目指している大半の人間にとってみれば、全く意味のない行為だ。

そう当時の僕は思っていた。とにかく無駄なことに対しての嫌悪感があった。

バンドやろうぜ!

ということで入部してからわずか1か月で、僕はサッカー部を辞め、帰宅部となった。

それからは何かに打ち込むということもなく、友達の家でゲームをしたり、カラオケに行ったりフラフラと遊んでいた。ゲームセンターにもよく行った。

喧嘩するとか単車を乗り回すとか、そういうやんちゃなことはしなかったし、まぁ、健全な高校生ってところか。

そんな僕を変えたのは、音楽だった。

ちょっと時間を１９９４年、中2の頃まで巻き戻そう。

当時はＳＭＡＰの「がんばりましょう」が流行っていて、テレビから流れてくるのをよく耳にした。でも友達の家でＣＤの歌詞カードを読んでいると気づいたことがあった。

作曲や作詞に（当然だけど）中居くんや香取くんの名前が全くない。僕はこれが単純に疑問だった。

「アイドルって、一体なんなん？」

ここで広辞苑を引いたのが悪かった。「偶像」とあった。

「ああそうなんだ、まやかしなんだ……」

ジャニーズファンの方々に申し訳ないので一応補足しておくと、当時の僕がそう思っちゃったというだけで、今はそんなこと思っていない。

常に人に見られ、毎日血の滲むようなダンス・ボーカルのレッスンをこなし、それでもデビューできず消えていく人たちも多い厳しい世界に身を置く彼らを心から尊敬している。

さて、そんな時にラジオで耳にしたのがLUNA SEAだった。中2だった。中2病？　なんとでも言ってほしい。とにかく衝撃を受けた。鮮烈な歌声、腹に響くビート、美しい旋律。虜《とりこ》になった理由は何よりも、ひとりひとりがみな個性的で、もちろん、楽器がうまいことだった。

そう、彼らは自分たちで曲を作り、歌詞を書き、演奏している。「まやかし（何度も言うが当時そう思っていたというだけで以下略）」じゃない。僕はバンドが持つ、この「本物感」に惚れ、どんどんとのめり込んでいった。

中学から高校に入ってもその熱は冷めていなかった。LUNA SEAから入り、L'Arc~en~Ciel、GLAY……CDが擦り切れるんじゃないかってくらい聴き込んでいった。聴いているだけでは満足できなくなっていった。ちょうどサッカー部を辞めて、遊ぶのにも飽きてきた頃だった。

「何かやりたいなぁ」

胸にくすぶる想いがすっと言葉に出た。すると友人が言った。

「あ、じゃーさ、バンドでもやる？」

「やる！」

僕はその場で絶対にバンドをやろうと決心した。


しかし当時（またしても）東奥義塾高校には軽音部がなかった。中学の時の野球で苦い経験があった僕は、ならば作っちゃおうぜ、と音楽好きの友人を６～７人集めて、当時仲がよかった歴史の先生に直訴しに行った。

「先生、ウチら軽音サークルをやりたいんです」

「あっそう。バンドねぇ。いいけど人、集められるの？」

「人は絶対に集めます！」

「じゃやってみれば？　学校には僕が話しておくから」

先生という後ろ盾をえて、僕は動いた。ギターがうまいやつがいる、ドラムが叩けるやつがいる。他のクラスを回って情報を集めて、各パートを担当できそうな人をピックアップ。声をかけていった。

そして初期メンバーが無事集まり、軽音部が発足した。僕は何をやったかって？　ボーカルに決まっている。歌がうまかったからじゃなくて、センター（主人公）にいたかったからだ。

コピーバンドだったけれど、僕はバンド活動に真剣に打ち込んだ。ボイトレも本やビデオで研究して毎日やったりして、必死だった。若さゆえかもしれないけれど、プロを目指そうと思っていた。

ただし当然、メンバーたちは、

「楽しいけど、プロとか無理でしょ（笑）」

と冷めていて、プロに行こうと思っている人はいなかった。

僕は純粋すぎたのだろうか。その温度差に耐えきれなかった。ただの楽しいサークル活動じゃない、プロになるんだ、メジャーへ行くんだ……でもそんな僕の言葉は空を切った。

こんな田舎は出て東京へ行きたい。そこには同じ意志を持つ仲間たちがきっといるはずだ。小学生の頃から抱いてきた想いは、ここで確信に変わった。


俺は何がなんでも、東京へ行く。

先生、慶應には行きません

高3の夏。進路相談があった。僕は成績も品行も学年トップクラスだったし、それに何より、無遅刻無欠席だった。

わざわざこれを強調して言うのには理由がある。前述したように弘前は、冬、重く厚い雪に覆われる。僕の家から高校までは20〜30㎞というところで、行き帰り2時間をかけて自転車で通っていた。

おいおい雪じゃ自転車乗れないだろ！　嘘つくな！　という声が聞こえてきそうだが、それは雪国に住んだことのない方々のイメージだろう。僕はほぼ毎日、冬でも自転車で通っていた。何もファットバイク（極太のタイヤを履いたオフロード用自転車）に乗っていたわけじゃない。普通のママチャリだ。いや、もちろん滑るんだけど、その滑りをコントロールし、バランスを立て直して走る術《すべ》を雪国の人間は持っている。

それはさておき、雪の中で自転車に乗るなんて、寒いのが好きな人間じゃない限り絶対に「やりたくない」ことだろう。僕だってそうだった。

でも、無遅刻無欠席は僕にとって、東京行きの切符を手にするためのマスト条件だった。

だから僕は「やりたくない」自転車通学をなんとかして「やりた

い」に変えることにした。

ウォークマンだ。好きな音楽をこれでもかと聴ける時間は至福だった。朝起きて、キンキンに冷えた空気の中、耳にイヤホンを差し、雪の中に漕ぎ出す。これは、えも言われぬ爽快感があった。

とはいえ新雪が積もると、さすがに自転車も使えなくなる。イヤホンを耳に差して、僕はざっざっざっざっと二宮金次郎のごとく歩いて、高校へ通った。


すべては東京へ行くために。やりたくないことでも、そう考えると、自然とやりたいこと、というマインドに変わっていく感覚があった。

これは今も実践している、発想の転換術だ。


さて、話を戻す。

ということで僕は、間違いなく指定校推薦枠を存分に使える立場にいた。推薦校の中には実は、かの慶應義塾大学（以下、慶應）もあった。普通なら慶應で即決だろう。だから担任の先生も、当然僕は慶應に行くのだと思い込んでいた。

でも、思い出してみてくれ。

僕はもとから「勉強したくない」のだ。慶應などに行ったら、まぁ最近は、一部慶應ボーイたちの犯罪がニュースになっていて（明らかに犯罪なのに驚くことに不起訴らしい）遊んでいるイメージもあるけれど、普通は勉強漬けだろう。

だから僕は先生に告げた。

「先生、慶應のことなんですが」
「うん。3年間頑張ったな。この成績なら間違いなく慶應に行けるよ。推薦の願書出すからな、これが書類で……」
「あ、いや、慶應には行きません」
「は？」
「大東文化大学でお願いします」

「え？　何言ってんのお前……大丈夫か？　何かあったのか？」

「どうしても大東文化がいいんです。母には慶應のことは絶対に言わないでください」

「お金か？　でも今は奨学金だってあるし……」

「いえ、祖父が通っていたこともありますし、昔から行きたいと願っていたんです。だから母親には慶應のことは……」

「そ、そうか……そこまで言うなら、わかった。もったいないなぁ」


次は、母親への報告だ。どう話すか、もちろん計画済みだった。

先ほどのセリフにもある通り、実は鳥取に住んでいた母方の祖父が、大東文化大学を卒業していたのだ。僕は、これは嘘でもなんでもなく、祖父が大好きだった。

だから、

「受験すれば他の大学も狙えるけれど、僕は大好きなおじいちゃんが卒業した大学に行きたい。指定校推薦も取れたしね」

帰って母親に告げた。

「あら、そう。それはいいわね」

母親は一瞬表情がかげったけれど、僕の笑顔を見て納得したようだ。

かくして僕は、小・中・高と時間はかかったが、ようやく「上京」というプロジェクトを成功に導くことができた。

喜びよりも安堵の方が大きかった。

指定校推薦で慶應にも行けたなんて、これを読んで母親が知ったら驚天動地だろう……どんな顔をするのか楽しみではある。

お菓子タイム その1

iPhoneのバッテリー寿命はどのくらい？

僕たちが日々使っているiPhoneだけど、ご存じの通り、だんだんとバッテリーが満充電できなくなり、最後にはバッテリーがヘタって使えなくなってしまう。

iPhoneはリチウムイオン電池を採用しているんだけど、その寿命は2年と言われている。また、満タンにした回数が500回を超えると替え時、とも言われている。

だから時々「設定」→「バッテリー」→「バッテリーの状態」を開き、自分のバッテリーがどんな状況かを確認しよう。最大容量のパーセンテージが下がっていたら、交換時期だ。ショップに持ち込んで交換してもらうといい。

それから、よく聞かれるのが「充電ケーブルにつなぎっぱなしでいいの？」という質問。答えは、OKだ。

iPhoneには充電状態が100％を超えると過充電を防ぐ装置がついている。ただし、ケーブルは必ずMFi認証マークのついた製品を使おう。認証マークなしの製品の中には、コネクタの形が微妙に異なるものもある。それを使っていると、抜き差しの摩擦で本体の差込口が破損して、最悪充電できなくなることがある。

プレゼンしなきゃ意味がない

「あっついなぁ」

東京の夏はとにかく暑い。正確には埼玉だけど。どこもかしこもコンクリートで固めるからこんなことになるんだ。ああ弘前が懐かし……くはないな全く。


上京して住んだのは、埼玉県東松山市の高坂駅近くにあった学生アパートだった。エアコンはついていたけれど効きが悪くてガタガタとうるさいしお金ももったいないので、うちわで過ごしていた。だけど、控えめに言ってそこは楽園だった。

親の監視の目もない。何時に寝ろと指示されることもないし、自分に関係のない無駄な勉強もすることはない。24時間が自分のために使える。

遊んでいたわけではない。授業にはほとんど出ていなかったのでほぼ大学には行っていなかったけれど。

そう、僕は音楽をやりに東京へ出てきたのだ。

まずはメンバーを集めなきゃならない。大学の軽音サークルを覗《のぞ》いたけれど、ちょっと音楽性的に肌が合うやつがあまりいなかった。

そこで、周りに「面白いやつと色々と出会えるよ」と勧められてテニスサークルに入ったんだけど、そこに、たまたま同じアパートに住んでいたやつがいて、話してみるとなかなかギターがうまいようだった（実際にうまかった）。

そこで、コピーバンドをひとつやってみた。でも当然だが温度感は合わないし、これは学生のお遊び止まりだった。

ちなみに僕の中ではメンバー選びに際して、４つの柱があった。

1．ビジュアル
2．性格
3．テクニック
4．センス

同じアパートのやつは全部満たしていたのだが、前提条件であるモチベーションが全くなかった。やはり音楽を必死でやっているやつとやらねば意味がない。


さて、ここで今にも続く学びがひとつある。

まずはじめにプレゼンをすべきだった、ということだ。

僕はその子とバンドをやろうとした時、「プロになりたい」ということを言っていなかったのだ。「何言ってんだ」と言われたらいやだな、という怖さがあったし、気恥ずかしさもあったし、好きな子に「付き合ってくれ」とすぐに言えない高校生みたいだった。傷つくことを恐れていたのだろう。

無駄な自意識が捨てられなかったのだ。

考えてみれば、母親に対してもそうだった。正直に音楽やりたいから、と言わず、半ばだましたような形で東京への切符を手にした。でもそれではやはり目的は達成できない。

やりたいことをやるには、人を口説き落とすことが必要なのだ。

熱のあるプロ志向のバンドメンバーを集めるには、当時はインターネットが現在ほど普及していなかったので、次のようなアナログな方法しかなかった。

（1）音楽雑誌……『バンドやろうぜ』略して「バンやろ」という雑誌が宝島社から出ていて、そこにメンバー募集の投稿欄があった。略してメン募。今では信じられないだろうけど都道府県別で、東京なんかは2ページにわたっていて、かなりの量が掲載されていたから一番の情報源だった。
（2）楽器店……御茶ノ水や渋谷にある楽器店に、張り紙をさせてもらう。好きなバンドとか、どのパートがほしいかを、連絡先と一緒に書いて張っておく、という仕組みだ。
(3)ライブハウス……ライブ後などに直接声をかける。UKロックなんかでもよく聞くやり方だ。でもこれはちょっとハードルが高くて断念した。
(4)専門学校……東京ならば有名な音楽専門学校もある。しかし金銭的なこともあったし、この方法は採らなかった。

僕は(1)と(2)の方法でメンバーを探し続けていた。

ここでまた少し話は飛ぶけれど、僕は当時、アイドルの女の子と付き合っていた(漫画雑誌の表紙を飾ったりしていた)。
彼女と会えるのが早朝のタイミングしかなくて(事務所が課した早朝のランニングが彼女の日課で、かつ彼女は寮住まいだった)、夏は埼玉から始発で埼京線、田園都市線と乗り継いで駒沢公園に行って、コンビニでお菓子とジュースを買って、彼女がジョギングしてやってくるのを待っていたりした。

けなげすぎる。思い出していたら懐かしさと恥ずかしさで涙が出てきた。とてもとても大好きだった。

でも、やっぱり相手は芸能人だからすれ違いもはじめから多くて、さらに彼女はどんどん忙しくなっていって、連絡がなかなか取れなくなっていった。

そうして大学2年の冬、自然に別れることになった。

そんな傷心の時だ。池袋の楽器店で、こんな張り紙を見た。

「ボーカル募集。当方ルナシー、シャムシェイド、〇〇など好む」

聞いたことのない海外のバンドもいくつか書いてあって、いつもだったら素通りしそうなものだったけれど、なんだかいいな、と目に止まり、その場で、載っていたケータイ番号をプッシュした。

インディーズ・デビュー

高田馬場の喫茶店。

ドラマーでリーダーだというその男は、ケイゴ、と名乗った。最初からファーストネームかよ、気障《きざ》なやつだな、と思ったけど僕も「ユウゴです。ボーカルやってます」と堂々と言った。

こういうのははじめが肝心だ。

ケイゴは見た目は普通だったけれど、話すほどにそのクレバーさが伝わってきた。静かに燃えているタイプのやつだった。お互いの好きな音楽もかぶっていて、何より、

「オリジナルでバンバンやっていきたいと思ってる。俺たちはプロになりたいんだ」

その言葉が嬉しかった。

ケイゴも僕のことを、なんか変わってるけどいいやつだな、と思

ってくれたようで、早速スタジオで音を合わせてみることになった。

「じゃ、これ。なんとなく歌えるようにしておいてくれ」

ご丁寧にデモテープまで用意されていた。


アパートに帰ってきて聴いて、驚いた。

めちゃくちゃうまい。すごい。音楽になっている……でも歌は、ギターの子が仮歌で入れていたのだけれど、自分の方が歌えるな、と思った。俺だったらもっとこう歌えるなとか、ここでテンポをこうしたらいいのではとか、気づいたら色々と考えていた。頭の中では既に彼らをバックに歌っていた。


そして迎えた初めてのスタジオ入り。

12月、高田馬場だった。

ボーカルは僕、ギターが２人で、キマタとニシ。ベースがモンマサ、ドラムがケイゴで、５人編成だった。バンド名は、スラッシュ。やっぱり全員いいやつで、そして全員信じられないほどにうまかった。僕も懸命に声を振り絞って歌った。1曲目から、うねるような高まりを感じた。腹の底から熱いものがこみ上げる。やれる。こいつらとなら。プロになれる。

そしてこう思った。さすが東京だ！　東京に出てきてよかった！　心から快哉を叫んでいた。

練習を重ね、翌年2月にさっそく対バンイベント（色々なバンドと合同でやるライブ）に出演した。渋谷の「Shibuya eggman」だった。桑田佳祐さんや福山雅治さんなど、錚々《そうそう》たるミュージシャンが立ってきたステージだ。オールナイトライブだった。

それが初めてのオリジナル曲のプレイ。緊張したが、その高まりも楽しかった。お客さんの反応も上々。ファンも何人かついてくれた。

僕たちは堅実に活動を続けていって、半年後には、ワンマンで100人くらいの箱ならいっぱいにできるようになっていた。街には秋の風が吹き始めていた。

そんなある日。池袋でよく入っていたライブハウスのオーナーから、インディーズレーベルの人がＣＤ出さないかって言ってるよ、と連絡が入った。


正直嬉しかった。

でも先に言っておくと、当時インディーズバンドがブームだったこともあって、そういった話は周りでもよく聞いていた。さらに言うと、実は僕たちも少し制作費用を負担した。

それでも、自分たちの音が、自分の声がＣＤになったのだ。プレス数も１０００枚を切るくらいだったけれど、とにかく嬉しかった。

このまま頑張ればきっとプロになれる。

僕はそれまで以上にバンド活動にのめり込んでいった。

就活なんてクソくらえ

ところが。

ここまで来て実は、メンバーの間には温度差があったことがわかる。

ちょっとややこしいのだけれど、僕は実は、大学2年生で一度留年した。そのため2年生を2回やっている。バンドの他のメンバーたちは年齢的に僕の1個下だったけれど、バンドが2年目に入ると、彼らは僕と同じく、大学3年生（僕も今度は留年しなかった）になった。

大学3年生といえば、そう、就活だ。

僕は就職する気なんてこれっぽっちもなかったけれど、メンバーのうち２人が突然、就職活動を始めた。安っぽいスーツを着て、無難な色のネクタイを締めて、髪を黒く染めて、エントリーシートだの会社説明会の予約だのという話を始めたのだ。

本当に驚いた。まるで長年付き合った彼女からいきなり「あなたと結婚する気はない」と言われたようなものだ。

——なんだよ就活って。ネクタイなんか締めやがって。あんなオヤジになりたくねぇなって話してただろ。わざわざあいつらに使われに行くのか？　歯車になるために生きてきたのかよ。

——ユウゴ、現実を見ようぜ。

——何が現実だよ。夢はどうしたよ。プロになりたいって言ったじゃねぇか。俺たちＣＤも出せたんだぜ？　それなのにここで終わるのかよ。

——たかがインディーズだろ。俺、忙しいからさ。

僕の説得は空を切り、メンバーたちはどんどん社会人色を強めていった。出していた音はそんなに変わっていなかったと思うけれど、お客さんにはぎこちなさが伝わるんだろう。スラッシュはどんどん集客数を減らしていった。スタジオに入る回数も少なくなっていった。

やりきれない。

こんな話を当時のバイト先で愚痴っていると、その中のひとりが帰り際、声をかけてきた。

強い人間になりたい

大学3年の冬だった。

当時僕はゲームセンターでバイトをしていたのだけど、帰り際にバイトの後輩がこう話しかけてきた。

「ねぇ、板垣さん。今度ボクシングやりに行きませんか？」

「ボクシング……？」


子どもの頃から格闘技自体には興味があった。テレビで放映されるボクシングの試合は全部見ていたし、好きな選手も何人かいた。過酷な減量に耐え抜き、肉体を限界まで鍛え上げた男たちが拳を突き合わせる。興奮したし、『あしたのジョー』や『はじめの一歩』などのマンガも好きで読んでいた。

というか、まぁ世の大半の男の子は、格闘技は大好きなコンテンツだろう。

でも同時に、みんな思うはずだ。

「誰かと殴り合うなんて、自分には無理だ」

僕もそのひとりだった。

興味はあるけど、無理だろうって思っていた。ボクサーのことは、カッコイイなと思うと同時に、顔が真っ赤に腫れ上がった敗者の顔を見るとその痛みを想像して目を逸《そ》らしていた。

だけどその頃は本当に暇だったし、もやもやした気持ちをずっと抱えていた。だから、サンドバッグを殴ったりスパーリングをしたりしたらスカッとするかな、楽しそうだな、と思って、バイト仲間についていくことにした。

電車を乗り継いで着いた駅は、埼玉の川越だった。
小熊ボクシングジムというボクシングジムで、元ＷＢＣ世界フライ級王者の大熊正二さんが主宰していた。

一日体験ということで、やさしい顔のおじさんがついてくれて、ちょこちょことサンドバッグを殴らせてもらったり、ミットを目がけてスパーリングのマネごとをやったりした。
今思い返せば完全におままごとで、いわゆるフィットネスだったんだけど、これが最高に楽しかった。

「君、いいパンチ持ってるね」

なんてお世辞を言われたりして僕は舞い上がった。

音楽、そしてバンドへの情熱が冷めきっていたこともあり、僕はその日にジムへの入会を決めた。


大東文化大学のキャンパスは板橋にあって、僕は前述した通り、当時沿線の高坂という駅近くのアパートに住んでいた。

卒業のための単位が全然足りていなくて、一度留年している手前絶対にここはやらないとまずいと思い、毎日しっかりと授業に出席して、授業が終わったら川越に移動し、ジムでトレーニング、その後は深夜までバイトをする……という生活がスタートした。バンドは当然だが自然解散していた。

ボクシングを始めたことで、今まで興味のひとつにすぎなかった格闘技が、かなり身近なものになった。そこで、テレビのプロレスや総合格闘技などの放映もすべてチェックするようになったし、雑誌も色々と読むようになった。

初代タイガーマスクの佐山聡さんが、総合格闘技の元祖とされる団体・シューティング（修斗）を創設したのが１９８４年。僕が４歳の時だ。そんな歴史も雑誌で学びつつ、実際にリングへも足を運ぶようになった。鍛えれば鍛えただけ強くなる。走ったら走っただけ動きにキレが出る。逆に一日サボったらその分確実に体力は落ちる。音楽も同じなんだけど、もっと如実にトレーニングが体に反映する格闘技に、僕はのめり込んでいった。

２０００年頃は、「Ｋ－１」や「ＰＲＩＤＥ」のような格闘技イベントが大人気で、有名な選手などはバラエティでもひっぱりだこだった。

これも面白かったんだけど、選手は（特に外国人選手は）とにかく体が大きくて、怪物みたいなやつらばかりだった。さすがにこれは自分と同じ世界とは考えられず、異次元だ……と圧倒されて、少し引いたところから観ていた。

そうしたら世の中もそう思っていたのかな、徐々に軽量級（50～60kg）が流行り出した。僕も同じくらいの体重だ。

あれ？　このステージだったら自分でも闘えるんじゃないかな？と思い始めた。

当時はなぜか、とにかく強い人間になりたいと思っていた。

あれだけ青森から出てまでやりたかった音楽に挫折したことで一時期抜け殻のようになっていたし、大学にも社会にも居場所がなかった。

周りはどんどん違う方向へ進んでいく。社会の中に入っていく。自分だけが暗い水の底にいるようだった。

がむしゃらに何かがしたかった。肉体的にも精神的にも強くなりたかった。トレーニングする時間が何よりも楽しかった。

そんな僕の目に入ってきたのが、田村潔司さんの闘う姿だった。

お菓子タイム その2

iPhoneが水没したらどうすればいい？

メイクに夢中になっていて洗面器の中に落としちゃったり、トイレに落としてしまったり。焦るよね。

その時にはどうしたらいいか？

何もせずに、すぐ修理店へ持っていくのが一番だ。しかも時間との闘い。持ち込むまでのスピードが明暗を分ける。

WEBには、ドライヤーで乾かすとか、米びつに入れるとか色々と紹介されているけど、これは逆効果。

それと絶対に充電ケーブルはつながないように。水をかぶってどこでも通電してしまう状態だから、ショートして二度と使えなくなってしまう。

第2話
鍛錬と復活

「孤高の天才」との出会い

田村潔司さんはもともとＵＷＦ（後にＵＷＦインターナショナル）という団体に所属していて、後輩には桜庭和志さん等がいた。

僕の中では、桜庭さんはテレビにもバンバン出ていたのでいわゆるタレントさん、という感じだったけれど、田村さんは露出も少なくて、言動や闘い方を見ていても、世間で言われていた通り「孤高の天才」というイメージだった。

とにかく渋かった。リングへ入場すると、お客さんに礼をした後に、相手をじっとにらむ。その仕草にも惚れた。

２００２年２月。ＰＲＩＤＥ・19（プライド・ナインティーン）

というイベントが、さいたまスーパーアリーナで開催された。

僕は自宅のテレビで観戦していた。

第８試合、ＰＲＩＤＥミドル級タイトルマッチ、ブラジルのヴァンダレイ・シウバvs.田村潔司さん。

残念ながら、結果は田村さんの負けだった。

しかし、まさに怪物のような風貌と強さを持ったシウバ相手に、一歩も引くことなく闘った田村さんは、とにかくかっこよかった。


「プロになろう！　絶対に田村さんの弟子になろう！」


試合後そう叫び、たまらず外に出て５㎞くらいだったか、全力でロードワーク（ランニング）した。

しかし帰ってきてシャワーを浴びながら思った。未経験者の自分が、タダでは田村さんのジムになんて入れないだろう。だからボクシングのプロライセンスを取ったら「弟子にしてください」と田村さんの道場に押しかけよう。そう決めた。

筋肉痛だなんて言ってられない

２００３年４月。僕は大学を卒業した。なんの感慨もなくて、ああ卒業したんだなぁ、という感じだった。

それよりも、早く田村さんのジムに入りたい、という想いが強かった。

田村さんのジム U-FILE CAMP は神奈川県の登戸にあった。

当時住んでいた上板橋からは遠かったし、「大学進学で上京するから兄貴と一緒に住みたい」と妹から言われていたこともあって、僕は読売ランド前に引っ越すことにした。

新宿の游玄亭でバイトをしながら、僕は総合格闘技への道を進んでいった。

田村さんの道場には最初、一般会員として入会した。未経験者だし、ボクシング歴だって浅い。いわゆるフィットネスと同じで、お金を払って通わせてもらっていた。

トレーニングには必死で励んでいたけれど、所詮は一般会員だ。当たり前だけどプロの世界とはまるで強度が違った。横目で先輩たちのトレーニング・メニューを盗み見て、帰ってから追加でトレーニングしたりしていた。

そんなある日。

雑誌『紙のプロレス』を読んでいると、田村さんが弟子を募集する、という記事が掲載されていた。道場にも一切張り紙はされていなかったから半信半疑だったけど、僕は田村さんのマネージャーのところに飛んでいった。

「ここに弟子の募集をすると書いてありますが、本当でしょうか？」

「ああ、本当だよ」

「応募します！　弟子になりたいのでよろしくお願いします！」

「そう……わかった、考えとくよ」


それから1か月ほど経った頃、マネージャーに呼び出された。

「この前弟子になりたいって言ってたけどさ、本気？　まだ気持ちは変わらない？」

「はい！　全く変わりません！　ぜひよろしくお願いします」

「わかった。じゃ、田村さんもいいって言ってたし、弟子にするよ。マジで厳しいと思うけど、頑張れよ」

「ありがとうございます！」


こうして新弟子としての日々がスタートした。この時新弟子として採用されたのは3人。弟子の中には、既にプロデビューしていた先輩たちも何人かいて、体のつくりからして違う。厳しく辛い修業の日々が始まった。

新弟子の仕事は主に3つだった。ちゃんこを作る係、その材料を買ってくる係、道場の掃除や師匠の練習着の洗濯をする係。

朝7時に道場へ行き、ちゃんこの下ごしらえを終えてから、ロードワーク。その後スクワットと腹筋、腕立て伏せなどの基礎トレーニングをする。スクワットは1000回やる。第1話35ページで冗談のように書いたけれど、実際にやっていた（笑）。ちなみに1週間に3回とかじゃない。毎日やった。

その後は先輩たちとのスパーリングが始まる。レスリング、膝立ちからの寝技、立ち技のキックボクシング。これがなんと総当たり戦だった。前述の基礎トレーニングをこなし続け作り上げた鋼のような体に加えて、プロの技術。教えながら軽くやってくれる先輩もいたが、情け容赦ない先輩もいた。まさにボロ雑巾のように床に壁に放り投げられ、痛めつけられた。

筋肉痛が……そんな生温いことを言った日には追加トレーニングがある。終わった後は、シャワーが持てないし、それどころか蛇口がひねれない。立っていると、骨と肉の軋む音が耳の奥から聞こえてくる。筋肉の繊維すべてがズタズタに切断していた。

今でも思い出すだけで吐き気がする。

1日練習すると、平均で3kg体重が落ちていた。

「死なないし大丈夫」の原点

田村さんは、基本的にはスパーリングでも教えながら軽くやってくれて優しかったけれど、時々恐ろしくキレる時があった。

強烈なエピソードがひとつある。

ガラス張りのジムの前には、駐車スペースがあった。田村さんは車で来るので、車が止まったら、田村さんが来た、とすぐにわかる。掃除をしていてもトレーニングをしていても必ず全員が手を止め、直立して田村さんを迎えていた。

その日、練習開始前。先輩の佐々木さんはあぐらをかいて缶コーヒーを飲んでいた。僕はいつもの朝の仕事を黙々とこなしていた。いつもと変わらない朝の風景だ。

さてそろそろちゃんこの準備に移るか……鍋を出したその時、道場の方から雷のような怒声が聞こえてきた。

「フザけてんのかこら‼」

慌てて台所を出ると、田村さんが玄関に立っていた。

突然の出来事に佐々木さんは缶コーヒーを持ったまま声が出ない。

僕たちも何が起こったのかわからない。そんな僕たちをざっとにらんだ後、田村さんは無言で自分の部屋に入っていった。

全員顔面蒼白だ。駐車スペースを見ると、車がない。あぁ、今日は歩いて来たのか……完全に気が抜けていた……一体どうなるのか。

10分後。

田村さんが部屋から勢いよく出てきた。

「佐々木ぃ！　レガースつけろ！」

スパーリングが始まった。ジムが壊れるんじゃなかろうか？　田村さんはフルスロットルで佐々木さんを攻め続けた。試合同様の完全本気モードのスパー。鬼の形相。

震えながら僕はちゃんこの準備の残りを片付けていた。白菜がうまく切れない。

スパーリングは大体、立ち技5分、寝技10分で時計をセットする。しかしなんとこの時田村さんがセットしたのは30分。

地獄のような時間だった。

佐々木さんは眼窩底骨折、アバラも何本かいって、翌日入院した。

スパー後。田村さんはベンチにどかっと座り、

「お前ら、全員来い。大城（マネージャーさん）、お前も来い」

と、満身創痍の佐々木さん、僕を含め、５人を呼び出した。

隣に立った大城さんは、やけに呼吸が荒かった。目の端でちらと見ると、過呼吸のようになっていた。

田村さんは汗を拭いながら、

「お前らさ、金、払ってる？」

「……えっ？　大城さんに渡していますけど……」

大城さんは引き続き過呼吸だ（僕を含め新弟子たちは「新弟子プロコース」というもので、１か月３万円の月謝を払っていた）。

「そうなの大城？」

「はい、預かっています……」

「あぁそうなんだ。じゃお前ら（僕たち）は行っていいよ」

「失礼します！」

後ろで田村さんの声が続く。

「大城。お前さ……たるんでない？」

ここでその日の記憶は曖昧《あいまい》になる……この日中、田村さんは不機嫌で、それは生涯でも最恐クラスの体験だった。

今考えてみると月謝が田村さんにうまく渡っていないか報告されていなかったとかで、元々不機嫌だったのが、朝の挨拶がなされなかったことで怒りが頂点に達した、ということなのだろう。

ちなみに、基本的にテレビクルーが入ると田村さんは力を抜かなかった。前述の通りスパーは総当たり戦だったから、僕もそんな日の田村さんと当たって、アバラを何本かやられたことがある。

こういう経験があるので、今はどんなことがあっても「死なないし大丈夫だな」と平然としていられる。

お金を稼ぐ＝楽しいこと

新弟子となってから1年半が経った頃、僕のデビュー戦が決まった。場所は、ディファ有明。DEEPという総合格闘技イベントだった。

元々は階級が上の先輩が出る予定だったのだけど、その先輩がなぜか下の階級で出ることになったので、代打としてその階級でデビューすることになったのだ（そのため10kgくらい相手と体重差があった）。

その試合のことはとてもよく覚えている。

人生で味わったことのない緊張感、ずっと吐き気がしていた。

そして喉が渇いて渇いてしょうがなくて、スタッフに何度も「水、ないですか」と聞いた。飲み過ぎだ、もう飲むな、と言われてから も飲みたくて飲みたくてたまらなくて、試合前にトイレに行ったら、 あぁもう小便飲んじゃおうかな、と思うくらい喉が渇いていた。
こんな状態だから、自分がどうリングに出ていったのかも、全く 覚えていない。

試合は、負けた。体重差があったので当然といえば当然なところ もあるけど、そんな緊張感の中でうまく動けるはずもなく、内容も あまりよくなかった。

でも、友達がたくさん来てくれた。お客さんもそこそこ入ってい た。当然みんなチケットを買ってくれている。そして、お金を払っ てよかった、とか、面白かったよ、と試合後声をかけてくれた。

ここで僕は幼い頃から考えていた「お金を稼ぐことはつまらない ことなんだ」という考えを改めることになった。そうか、楽しいことの対価としてお金をもらうのはアリなんだ。やりたいことでお金をもらうこともできるんだ。

当時の僕は、「お金を稼ぐのが面倒で仕方ない」「煩わしい」と思っていた。だが思い返してみれば、バンドをやっていた頃も、ライブにたくさんの人が来てくれたり、ＣＤが１枚でも売れたりすると楽しかったし嬉しかったのだ。そのことを改めて思い出させてくれたのがデビュー戦のリングだった。

このあたりが「好きなことしかやらない」という、今の信条にもつながってくる。格闘技をしていたこの時代に、この気持ちの75％が作り上げられたように思う。

しかし、あることをきっかけに、格闘技への想いが急激に萎《しぼ》んでいくことになる……。

ケツなんてないと思っていた

僕は音楽ではプロになれなかった。そのこともあって親からは、常に責められていた。

「大学は留年する、就職しない、音楽もダメ、就職もせず格闘技なんかやってフラフラして。いつちゃんとするの？」

電話でも相当なじられた。普通に生きない、生きられない僕に対して、親はずっと苛立《いらだ》ちを感じていた。

僕はそのことで歯嚙みしていた。でも何も言い返せない。自分の生き方は合っているという確信はあったけれど、結果が伴っていなかったからだ。

そのこともあってか、プロ格闘家としてデビューし、何戦か試合を重ねていくと、達成感を感じてしまっていた。

いわゆる燃え尽き症候群になってしまったのだ。

「いやいや、でもデビューは始まりでしょ。そこからチャンピオンを目指すんじゃないの普通？」

その通りだ。

でも、達成感を感じたと同時に僕は、業界の内幕を見てしまい、愕然としていたのだ。


僕は、格闘技も音楽と同じく、強い人が必ず上に行くものだと、そう思っていた。

だけど中の世界に入ってみると、不思議なことが多々あった。

たいして強くもない先輩が、バンバン試合に出ている。逆に強い先輩が試合に出ていない。かと思えば、有名なプロ選手が、ちょっと練習した俳優さんと試合することもあった。しかもバラエティというよりは、本気のノリで。

なぜだ？　実力社会だろ？　僕は格闘技の世界を、なんの濁りもない「力のみの世界」だと思っていたし、そこに夢を抱いていた。

いやいやそんなことあるわけないでしょ。八百長なんてたくさんあるし、と言う人もいるだろうけど、その当時はまだ少しだけ、「ケツがある（＝「勝敗が決まっている」を暗に語る業界用語）」ということ自体に、雑誌で真偽が論議されるくらいには疑念の余地があった。

それに、僕が憧れた田村さんがやっていたＵＷＦは、それまでのプロレスはまやかしだ、元々プロレスこそが最強の格闘技だ、という想いのもと生まれた団体だった。だから、ＵＷＦのプロレスは絶対に競技だと、アスリート性の高いものだと思っていた。

しかしやっぱり「ケツがあった」のだ。

僕がロストポイント制のＵ-ＳＴＹＬＥ（ユースタイル）の試合に出ることになった時。先輩たちは話し合ったそうだ。

「ケツがあるって話、どうやってあいつに伝える？」

試合１週間前のことだった。

「うすうす気づいていると思うけどさ……」

「え？　なんですか？」

「今度の試合さ、お前、負けになったからな」

僕の負け？

あぁ、そういうものなのか。

あぁ、だからあの弱い先輩は試合に出られるんだな。

そうやって納得したのと同時に、サンタさんは母親だよ、と伝えられた子どものようにショックを受けた。

「内容は任せるからな」

僕はその試合、さんざん立ち回った後に、負けた。精一杯苦しそうな顔をしていたけれど、心拍数は１００を切るくらい穏やかだった。天井のライトがいつもよりまぶしく感じられた。


ひとつ断っておくけれど、師匠の田村潔司さんをはじめプロ格闘家たちは、本当に強い。心技体揃ったまさにプロレスラーの理想像だ。

でも僕はこのことで、鍛えるだけではダメなのだということを学んだ。勝てる舞台にも立てない。

やりたいことをやるには、それだけの力と、うまく立ち回る力、政治力とでもいうのだろうか、そういったものが必要なのだ。

そういう社会の仕組みを理解して、その中でさらに上を目指して励む。それもありだろう。

しかし当時の僕はそうじゃなかった。

風船に穴をあけた時のように、しゅーっとモチベーションが抜けていってしまった。それを止めようとも思わなかった。

*

ディファ有明でデビューしてまもなく、僕は結婚していたのだけど、「バイトに行ってから練習に行く」と妻に告げて家を出て、バイトに行った後はサボってパチンコに行く……気づいたらそんな毎日になっていた。

僕は当時、格闘家だけでは食えなかったので、明治記念館（結婚式場）守衛の契約社員として働いていた。1日8時間の勤務だったが、ずっと立っているわけでもないし、モニター監視の時間もあったので、8時間のうちほとんどが休憩時間のようなものだった。

結婚して2年。妻が話がある、と切り出してきた。

「何、どうしたの」

「そろそろ子どもがほしいんだけど」

一応プロ格闘家だったけれど、バイトもしていて、収入は安定していないし、先が見えない状況だった。でも、

「わかった」

僕は生来のなんとかなるだろう精神を発揮し、程なくして、子宝を授かることとなった。

子どもが生まれてから半年は、子どもが見たくてしょうがなくて、

バイトを早あがりしてさっさと家に帰った。しかし半年も経つと、その熱が落ち着いてしまい、またパチンコ屋に入り浸る日々がスタートした。どんどん負けが込んでいく。

その日、僕は7万円負けた。家に帰った時、残っていたのは、タバコの煙に燻《いぶ》され、金もない、しょうもない自分。

「このままではまずい。なんとかしなきゃ……」

2009年。もう29歳になっていた。

お菓子タイム その3

iPhoneは下取りに出さない方がお得

毎年発表されるiPhoneの新型。

僕はもちろん仕事だから常に最新機種を持っているけれど、新しい機種が出たらほしくなって、買い替えをすることも多いよね。

で、よく聞かれるのが、買い替えをする場合、今使っているiPhoneはAppleかキャリアか、どこに下取りに出すのがいいのって質問。

この「下取り」って選択肢が僕に言わせれば、そもそも間違いだ。キャリアの下取りは月々の利用料金から数百円程度の値引きにしかならない。

それよりも、中古端末市場でこそ旧型iPhoneは価値がある。下取りに出さず、すぐに売りに行くのがベストだ。ちなみに一番高く買い取ってくれるお店は……ここまで言えば、もうわかるよね（笑）。

ニーチェが教えてくれたこと

明治記念館の守衛たちは無線で連絡を取り合っていたが、実は業務報告だけではなくよくバカ話をしていた。

その中で、政治の話をしていた先輩がいた。左翼思想に染まっていて、現政権の批判をひたすら繰り返す。ツイッターで有名人に匿名で絡んでいるような種類の人だった。

だからみんな彼を避けていたんだけど、僕は自分が知らないことを色々と教えてもらえることが単純に楽しくて、よく話をしていた。

ここで彼に教わったのは、「知識を得ることは楽しいことなんだな」ということだ。

そのことが頭の中に残っていたからか、パチンコで負けた翌日、「なんとかしなきゃ」と思った僕は自宅近くの図書館に行った。

でもなんの本を読んだらいいかわからない。

ぷらぷらと棚を見ながら歩いていると、１冊の本が目に止まった。

富野由悠季《とみのよしゆき》さん『富野に訊け!!』（徳間書店、２００５年）。

僕は「機動戦士ガンダム」シリーズとその世界観が大好きだったから、よし、まずは富野監督の本から読んでみよう、と手に取った。

図書館にあった富野監督の著作を何冊か引っ張り出して、パラパラとめくって読んでいった。

すると「ニーチェ」という言葉が出てくる。哲学者、ということだけ漠然と知っていたけれど、その思想とか言葉には一切触れていなかった。でもどうやら、富野さんはニーチェが好きで、ガンダムの中にはニーチェの思想に基づいた世界観やセリフがたくさんあるらしい。


当然ニーチェの書いたものなんて難しすぎて読めないので、ニーチェの言葉、みたいにライトにまとめられている本がないかなと思って図書館を探すと、名言集みたいな本があって、マキャヴェッリ、マルクス、フロイト、チェ・ゲバラ、はたまたスティーブ・ジョブズといった人たちの言葉がたくさん載っていた。

どの言葉も面白くて、その人たちの本を探して読むようになった。点と点が結ばれていくように、色々な人に興味を持ち、本を読んでいった。

こうして守衛の仕事の時間以外は図書館に入り浸って、哲学書や経営者の本などを読むうちに、共通したあることを言っていることに気がついた。

やりたくないことをやるのではなく、やりたいことをやりなさい。我慢して働くのはおかしい。それが普通だと思うのは間違っているし、無駄なことだ。やりたくないことはやらなくていい。そういう環境を自ら作っていくべきだ、と……。

胸につっかえていたものがすーっと取れたように思った。僕がこれまで考えてきたこと、やってきたことが肯定されたような気がした。

そして同時に、ゼロからイチを創ってみたくなった。なんでもいいから独立して稼いでみたい。何かの組織に所属し、その村の論理で上を目指すのではなく、自分ひとりの責任で、自分の思うように動いてみたい。お金はないけれど、なんとかなるだろう。

僕は図書館を出て、自分で事業をやっている先輩や友達に色々と聞いて回ることにした。

膣トレとユーグレナとNHK

「それならECサイトとかどうかな？」

格闘家になった頃の知り合いに相談すると、そんな答えが返ってきた。なるほど。考えるより前にまずやってみよう。僕は借金をして、まずはECサイトを作ってみた。

そこまで来て立ち止まった。

さて。何を売ればいいんだ？　どうする？

アマゾンも楽天もあるし、それ以外にも多種多様なECサイトが既にある。売るもの残っているかな……。とにかく何か「ニッチなもの」を探さなければ成功できないだろうとぼんやり考えていた。でも仕入れ先も知らないしツテもない。

ECサイトを作ってくれた人に相談した。

「どんな商品を取り扱ったらいいのか悩んでいまして」

「ふーん、そうしたら社長さん紹介してあげる」

お会いした社長さんは、秋葉原でアダルトグッズを売る会社を経営している人だった。

「卸すのはいいけど、アダルトグッズと一口にいってもサイトも商品もいっぱいあるから、何かひとつに絞って勝負した方がいいよ」

「えーっと、じゃ、これにします」

当時売れ始めていた「膣トレ」関連のものをメインに扱うことにした。


経産婦さんなどは膣まわりの筋肉が緩んでしまうためか、尿漏れを起こしてしまう。これは多くの人が持つ悩みで、膣を鍛えることで解消するんだそうだ。膣トレは健康にもいいし、女性ホルモンは出るし、いいことずくめだと、どこかの大学教授が推奨もしていた。

でも。ふと立ち止まって考えた。

買うの、恥ずかしくない?

レンタルショップでアダルトビデオを堂々と借りる人は稀《まれ》だ。そのまま借りるのは恥ずかしいから、普通のビデオの間に挟んでカウンターに出す。あの心理は、横で誰かに見られる可能性がないECサイトとはいえ、同じだろう。

そう考えた僕は、ヴィレッジヴァンガードの店内のように、おしゃれな化粧品やアロマ製品の中に、アダルトグッズを紛れ込ませることにした。ホームページもとにかくおしゃれにして、「アロマとバイブレーターのセット」なども意識して作った。

記事、今でいうブログもたくさん掲載した。女性がオーガズムを経験することによって、女性ホルモンがたくさん出るようになる。それは肌にもいいし、健康にもいい、といった内容のものだ。

膣トレグッズは、体験記も掲載した。妻に試してもらうのはさすがに気が引けたので、バイト先の女の子にプレゼントし、レポートを書いてもらったのだ。

新参ＥＣサイトだったにもかかわらず、商品は結構売れた。さらに嬉しいことに、なんと朝のテレビ番組で（今でもよくやったなと思うが）膣トレが紹介されたのだ。瞬間的に「膣トレ」がホットワードとなり、検索をかけた人たちがたくさん僕のサイトに来てくれた。

仕入れとの兼ね合いがうまくいかなくて、売上自体は微々たるものだったけど、感触は得られた。何かを工夫すれば、レッドオーシャンだと思っていた市場でも勝負はできる。アイディア勝負で稼げる、ということを感じたのだ。この成功体験は、後にiPhone事業に踏み出す時、背中を押してくれた。

とはいえ片手間だ。明治記念館の契約社員として働きながら、前述したように非常にこの仕事は暇だったので、空き時間にＥＣサイトのライティングをしていた。

ある日、相談もあったしとにかく暇だったのでアダルトグッズを卸してくれていた社長に電話をすると、一喝された。

「暇だし、警備の合間にちょこちょこっと更新してるんですよ。時間をうまく使えてて」

「あのさぁ。借金あるんでしょ。耳が痛いだろうけど、片手間で成功できるほど世の中甘くないよ。面白いサプリがあってさ、それ紹介してあげるから本腰入れてやってみたらどう？」

「え……」


こんなに本気で叱られたのはいつぶりだろう。電話を切った後、僕は総務部に電話をかけた。

「辞めます」

さんざん失敗してきた後だった。もう後がないことはわかっていた。それでも本腰を入れていないのはそういう環境に自分を置いていないからだ。そう考えて、僕はまず退路を断つことにした。

もう、このECサイトで成功しなければ、死ぬ。

家に帰って妻に報告すると、意外なことに、

「あ、そう。まぁ、雄吾ならやれるんじゃない」

全く怒られなかった。

ちなみにその時のＥＣサイトは月商で４万～５万。笑えますよね。時々商品がヒットして10万～20万の月商になったけど、それで食っていけるわけがない。まさにギリギリの生活だった。

保険もない。やるしかない。腹をくくった。


さて、その女社長さんが教えてくれたサプリが「ユーグレナ」だった。今は有名だけど、当時は全然知名度がなくて、僕も最初紹介された時は「え？　虫？」と驚いた。

でもパンフレットを読んでみると、かの東京大学が作り上げたとある。実際に買って飲んでみると、確かに体の調子がいい。便通もよくなるし、肌ツヤもよくなった。デトックスされているな、とい

う実感があった。東京大学というブランドもいい。1か月分で6800円（当時）と単価は高かったけれど、これは面白い。いける。

極端だけど、僕はアダルトグッズからすべて手を引き、ホームページも全部作り変えて（またここで借金が増えた）勝負に出た。今度は自分の手で体験記を書いた。

ここでまたチャンスが舞い込む。

またしても朝の情報番組、しかも今度はなんとNHKでユーグレナが取り上げられたのだ。注文が次々と来た。そこで定期購入コースを取り扱い始めると、注文数がさらに増えた。

さらになぜか（笑）、俳優の名高達男さんと僕でユーグレナに関する対談記事を作らないかという話が来た。それが雑誌に掲載されると、さらにECサイトの認知度も高まった。

とはいえ、まだ1か月の利益は30万円ほど……。常に崖から片足が出ている状態だ。やばい。もっともっと何かやらなければ。

髪切ってる間にiPhone修理しますよ

２０１２年、８月。セミがやかましく鳴いていた。汗がだらだらとたれてくる。

僕は日本橋にいた。

「iPhone 修理のフランチャイズに加入してみない？　空き時間に稼げるし、簡単だよ」

こんな嘘みたいな話を知り合いの社長さんに持ちかけられたのが、１週間前のことだ。

「iPhone、ですか……」

正直最初は気乗りしなかった（理由は後述する）けれど、とにかく稼ぐためになんでもやらなきゃいけない、藁《わら》でも摑もうと必死になっていた。

それに妻のお父さんがこの話を聞きつけて、30万円を貸してくれたので、物は試しにとフランチャイズへ加入してみることにした（お前借りてばっかりじゃないか、奥さんの親にまで、と怒られそうなので断っておくけど、今はもちろん借金は全部返して、お父さんに仕送りもできるようになった）。


スマートフォン。特にiPhone。

２０１１年に東日本大震災があって、ツイッターが連絡ツールとしてクローズアップされていた。スマホの電源が切れたら誰とも連絡が取れない、そんなこともニュースになっていて、全世代的に「スマホがなきゃダメだ」という気運が高まっていた。

でも、修理できる場所はまだまだ少なかった。いや、僕がフランチャイズ加入したように正確には色々あったのだけど、怪しい業者も多かったし、何より店やホームページのデザインが、個人的にはかなりダサいなと思っていた（これが二の足を踏んだ理由だ）。

だからか、みんな公式のアップルストアに駆け込むが、1～2週間待つことが少なくなかった。
それに何より、修理は高い……。

修理講座を終えて家に帰ってきて、子どもと遊びながら、iPhoneを前にしてそんなことをぼーっと考えていた。

iPhoneに限らずスマホはひとり1台の必須のものになっている。修理も欠かせないものだ。でもこと修理となるとこんなに不便だ。
さらに言えば、クルマでいうところのオートバックスみたいな、メーカーではなく困ったら行くという場所がない。ブルーオーシャンだし、これなら世界を獲《と》れる。音楽でも格闘家でもできなかったけど、これならば……。

そう思ったらワクワクがどんどん湧いてきた。
これ、楽しそうだな。やりたいな。

僕はiPhone事業に本腰を入れてみることにした。

フランチャイズ入会した業者は色々とダサかったので、1か月で辞めた。でもパーツの仕入れルートがまだない。そこだけはルートを使わせてもらった。

そしてECサイト時代から使用していた「レディオブック」という社名を前面に出し、「iPhone修理のレディオブック」を立ち上げた。

とはいえ軌道に乗せるのは大変だ。何しろ店舗がまだない。

そこでまずは横須賀市内で、取り扱っていただけそうなお店を回って、旗を立てさせてもらった。

「髪を切っている間に、iPhone修理しますよ」

「飲んでいる間に、iPhone修理しますよ」

どこでもいい、というわけではなくて、お客さんとそのお店の関係性が深い場所に的を絞った。

コンビニなどは避けて、美容室や、バーなど。店側にとっても話のネタになったこともあって、客単価1万5000円と高かったが、連絡が頻繁に入ってきた。

月商も100万、200万とどんどん伸びていった。借金もあらかた返し終わった。

何よりiPhone事業のことを考えているだけで毎日毎日が楽しかった。軌道に乗り始めた、と嬉しかったのだけど……。

TSUTAYAからの電話

「あのさ板垣くん、王子にイベントスペース持っているんだけど、そこで店舗出してみない？」

「いいですね。ぜひ」

ある日、iPhone修理のフランチャイズを紹介してくれた社長さんから電話がかかってきて、初めての店舗を作ることにした。

さてこれで拠点もできた。余剰資金もできた。

そこで、そろそろレディオブックもフランチャイズ化して広げたいな、と思っていたし、一度試しに、

「レディオブックでiPhone修理講習を始めます。やってみませんか？」

とホームページに掲載してみた。

すると岩手から1件問い合わせがあったので、出張修理講習に行くことにした。

修理講習では約20万もらって、プラス（その時僕はホームページも自分で作っていたから）10万さらに出してくれたらホームページも作るよ、と持ちかけると、

「お願いします」

30万の収入になった。

王子に帰って早速ホームページを作り始めた。無料素材のモデルを探していると、ひとり、とってもかわいい女の子がヒットした。

軽く連絡を取ってみると、福島の郡山に住んでいて、月に一度は東京に出てくるという。僕にはひとつアイディアがあって、彼女が上京するタイミングで会うことにした。

渋谷のカフェで話してみると、手先の器用さには自信があるという。それならバッチリだと思い、アイディアをぶつけてみた。

「修理を教えるからさ、うちの広告塔になってくれないかな？『モデルが教える iPhone 修理』みたいな感じで打ち出したいんだけど……」

「やってみたい！　いいですよ」

なんとたまたまタイミングよく、彼女がとある「ミス」に選ばれた。ランディングページを作ると、問い合わせがバンバン来た。

彼女を連れて全国各地で修理講習を行った。１件粗利30万。いい実入りになったし、認知度も徐々に高まっていった。

するとある日、なんとTSUTAYAから電話がかかってきた。

レンタル延滞してたか？　と思ったけど正確にはTSUTAYAを展開するCCC（カルチュア・コンビニエンス・クラブ株式会社）からの電話だった。

「突然のご連絡失礼します。実はTSUTAYAでもiPhone修理を取り扱いたいと思っています。ついては、板垣さんと組みたい」

ツタヤ？　あの？　嘘だろ？　と思ったが試しに会いに行くと本物のCCC社員が礼儀正しくちょこんと座っていた。2013年の10月のことだった。

「来年（2014年）の1月頭からスタートしたいんです。場所は大阪の戎橋《えびすばし》です」

は？　2か月後？　場所も遠いし時間もないな……。

「それからTSUTAYAの店舗内は使えません。ですから、入口外にブースを作ってやっていただきたいです」

真冬だぞ、ふざけんな！

とまぁ色々と思ったが、認知度を上げるのにこれ以上の話はない。

「ありがとうございます！　全力でやります」

二つ返事で受けることにした。

電話ボックスみたいなブースを知り合いに頼んで突貫で用意してもらった。さらにフランチャイズ加盟してくれていた方のひとりに、「ここで一旗揚げたいんです。協力してもらえませんか」と口説き、店長になってもらった。

何せ場所がいい。阪神タイガースが優勝した時に阪神ファンが飛び込む橋、あのすぐそばにある店舗なのだ。しかも大阪人だ。安くて速いに飛びつかないはずはないだろう。

狙い通り人がバンバン来た。ひと月で３００万以上の売上になった。

しかし喜ぶのはまだ早い。

なんと売上の50％はＣＣＣに持っていかれてしまう契約だったのだ。さらに１月末には、中国が旧正月で休みに入る。iPhone パーツの仕入れ先はほとんどが中国だったから、パーツの仕入れ値が特別料金でガツッと上がってしまう。

原価人件費を入れたら、赤字になった。

それでも、

「ここで成功したら渋谷のTSUTAYAでもお願いしたい……」

CCC担当者のこの言葉を胸に、漫画喫茶に泊まったりして経費を極限まで抑えて、なんとか試用期間の2か月を耐え抜いた。

結果が出たということで、晴れて渋谷TSUTAYAにブースを出せることになった。

大阪もそのまま残して、僕は渋谷TSUTAYAを仕切ることにした。スクランブル交差点のすぐそばだ。盛況で、テレビもたくさん取材に来てくれた。

渋谷にあった赤いボックスを覚えている方がいれば嬉しい。

渋谷TSUTAYA前に出店したレディオブックのブース

借金5000万。So what?

出資者も次々現れてくれて、資金が集まった。そこで、晴れてレディオブックを法人化することにした。

2014年7月1日のことだった。

これを機に従業員を増やし、コンサルタントにも入ってもらい、彼の意見も取り入れながら、役員も3人ジョインしてもらった。

すると（当然だが）あっという間に人件費が跳ね上がった。出ていくお金が入ってくるお金よりも多い、という本末転倒の状況だ。当時月400万円の利益があったのだがそれが全く残らないどころかマイナスになる。最初のうちはしょうがない、投資だ、と割り切ってはいたが、だんだんと焦ってきた。

僕には会社を経営するノウハウも、その成功体験もなかった。今思えばなんて弱腰だったんだろうと思うが、成功を掴んだと勘違いしていたし、コンサルタントの言うことに従っていればきっと大丈夫だ、と高をくくっていたのだ。

資金は減り続けていた。

11月。かなり危機的な状況に陥っていた。これはさすがにヤバいと思い、売上目標を設定して、みんなで頑張ろう！　と役員や従業員たちに発破をかけた。しかし、特に役員やコンサルタントたちは全く動こうとしない。

それどころか「ここはもうヤバい。早く抜けなければ」とばかりに、次々とレディオブックから離れていった。

人件費はその分減ったが、遅すぎた。

２０１５年２月。遂にその時はやってきた。

「もう無理だ」

残ってくれていた従業員何名かに話をした。

「仕事を続けてもらえないか。でも、払えるお金がない。無給になってしまう。けど、きっと必ず事業は上向きになる。約束する」

そんな言葉、誰も信じてくれない。従業員は全員去り、誰もいなくなった。5000万円の赤字だけが残った。

だけど僕は不謹慎にもこう思っていた。

「5000万？　それがどうした。絶対にこの事業は成功する。ついてはさらに投資が必要だ。元手がないならさらに借金すればいい」

僕はよくクレイジーだ、と言われるけれど、この時はさすがに自分でも、崖に張り出したガラス張りの廊下を歩いている気分だった。おまけにピシピシガラスが鳴っている。いつ死んでもおかしくない。

攻めなければ、生き残れない。

僕はこの時既に「i+Remaker」という現在にもつながるブランドのイメージを描いていた。赤を基調にした明るいデザイン、そしてわかりやすい料金体系。何よりもどこよりも安くiPhoneを買えてどこよりも高くiPhoneを売れる。そして修理と保守すべてを一貫して担うハブとしての役割。

でもこれをいくら口で説明したって人は来ない。

ということでまずはロゴを作ることにした。渋谷のＴＳＵＴＡＹＡでブースを出していた時に知り合った方経由で、セガの「ソニック・ザ・ヘッジホッグ」のロゴデザインに関わっていた人を紹介してもらった。もちろん第一線の人だから普通に頼むにはお金が要る。でも、お会いして口説いたら、激安価格で作ってもらえることになった。

次にホームページだ。ロゴを大々的に使い、とにかく明るく、おしゃれで勢いのあるデザインにする。見積りを各社に依頼したが、僕がやりたいことをやると、どうしても500万くらいかかる。
でも、ホームページはブランドの生命線だ。ここでケチってどうする。お金はない。でもなんとかするから作ってくれ、と依頼した。

ダメな時ほどこだわりを強く持たなければならない。お金だったらなんとかなると思っていたし、死ぬことはないだろう。最悪ヤミ金から金を借りてもいいやと思っていた。

さぁ、武器は揃った。この武器で稼げるかどうかここからは自分次第だ。

関係があった取引先へ、お詫びと称して新ブランドへの出資お願い行脚を始めた。Ａ４何枚かの事業計画書を持って駆けずり回った。
とにかく今の出血を止める（借金・債務返済を待ってもらう）こと。そしてこの新事業への投資を呼び込むこと。できなければ一家心中かもしれない（というか僕が家から放り出されるんだろう）。

心臓の音がいつもドキドキとうるさかった。

「お願いだから待ってくれないか」

リブランディングの構想をひとつひとつ説明し、口説いて回った。

ネックだった人件費もひとりに戻ったことで改善したし、ほらこんなに素晴らしい武器もあるんだ。絶対にレディオブックは復活する。

だが。

「ふざけるな！　今すぐ払ってくれよ！」

そうなるよな。

「こんな、恰好だけ変えて。うまくいくわけないだろ」

恰好だけじゃないんだけど。まぁそうなるよな。

「何か売ってでもいいからさぁ！　うちにだけ回してよ！」

売りますよ。売りますけれど、その先の話を聞いてくれ……。

格闘家時代のきつい経験があったからなんでも大丈夫だったと前述したけど、これはさすがにきつかった。毎日胃が痛くて、のたうち回る日々が続いた。

返済を待ってくれた優しい取引先も何社かあって、そのおかげで首の皮一枚でつながった。でも足りない分を早くなんとかしなければならない。

iPhone修理を地道に1件1件こなしながら、フランチャイズ講習などの割合を増やし、とにかく売りを立てることを考えた。

しかしそんなもので足りるわけがない。

自分のクルマを売ったり、渋谷TSUTAYAの場所の権利を貸したり、とにかくなんでもお金になるものはお金にして、ホームページ代、事務所家賃を払い、借金も返せるところから返していった。

稼いでは返し、稼いでは返し、の日々。

あらかた目途はついたのだけど、ひとつだけどうしようもないものがあった。iPhoneバッテリーの支払いだった。

どういうことか？

少し時をさかのぼるが、僕はレディオブックの調子がよかった時に、オリジナルでバッテリーを作ることにした。

iPhone のバッテリーには「ＰＳＥマーク」というものがついている。海外からリチウム電池を輸入して販売する時に必要な許可のことだ。経産省が発行する。これがないと、要は偽物ということで輸入できても販売ができない。

ただ、このＰＳＥマーク付きバッテリー、商社経由で輸入するとひとつ原価１０００円くらいなんだけど、自分で許可を取って中国工場に発注して作れば、約半額の５００円くらいになるのだ。商社にいつも高い手数料を取られていたわけで、少しでも余裕ができれば絶対にこれはやろうと思っていた。

だが、さすが中国だ。２０１４年2月にでき上がってくる予定だったのが全くでき上がってこない。そうこうしているうちにレディオブックの売上が落ち込んで……、というのは前述の通りだ。

そのバッテリーがこのタイミングででき上がってきていた。その費用600万は何がなんでも、2015年7月までに用意しなくてはいけない。出資を募るしかない。

お金を貸してくれる人を当時は毎日探していたけれど、ある日、(当時住んでいた家の最寄りの)横須賀駅に着いた時、電話がかかってきた。前に中古車を売った人だった。

電車を降りたら、激しく雨が降っていた。

「板垣さん、今どこですか？　俺は横浜にいるんだけど、板垣さんの事業に興味がある人がいるんだよ。今から会えないかな？」

「行きます！」

即答し、僕は横浜へ行って、待ち合わせの中華料理店に走った。

傘を買う暇もなかったからずぶ濡れで、自分の体はどうでもいいんだけど、紙袋に入れていた事業資料も濡れてしまったのには参った。さすがにこれは出せない。中から濡れが目立たない１枚を急いで探し出し、クリアファイルに入れて、店に入った。

その中華料理店チェーンのオーナーというのが、何を隠そう僕に興味を持ってくれた人だった。少しずつ軌道に乗っていたこともあり、何よりすぐにすっ飛んできた僕を気に入ってくれて、事業プランをうなずきながら黙って聞いてくれた。

それに加えて彼は格闘技に詳しかった。僕が田村さんのジムにいた話なんかをすると、すごく喜んでくれた。

和やかにその会は終わった。

後日。改めてレディオブックの事務所で彼と会った。正直にiPhone バッテリーのことを話した。

「実はこういう理由で、今月末までに６００万必要で……」

「うん。わかった。ちょっと待ってて」

「え？」

彼はケータイだけ持って事務所の外に出て行った。10分後。

「オーケー、融資します、６００万円」

「え？　本当ですか！　いいんですか」

「うん。俺は板垣さんを信じてるよ。絶対にやれるよ」

翌週、彼は６００万を本当に振り込んでくれた。しかも、無担保・無利子という破格の条件だった。

涙が出た。これでレディオブックは救われた。


それから約1年後。２０１６年7月。

レディオブックは黒字化した。

２０１４年の7月に法人化したから、それから2年の歳月が流れていた。一時期は５０００万円からさらに膨らんだ借金もきれいさっぱり返し終わった。

ブランド「i+Remaker」は順調にファン、そしてフランチャイズ加盟者を増やし、毎期順調に利益を伸ばし続けている。

何より一番嬉しかったのは、仲間が増えたことだ。渋谷ストリーム裏にあるレディオブックの事務所の周りは今、渋谷川を中心にきれいに再開発されているが、その事務所には常駐してくれている2人の仲間を含め、毎日色々な人が遊びに、打合せに立ち寄ってくれる。

最近は大学生も入り浸っている。「どこよりも居心地がいい」のだそうだ。最高の褒め言葉だな。

さて、そんな僕がこれから、何をしようとしているのか。そして「やりたくないことはやらなくていい」を徹底する上でどんな考え方を大切にしているのか。

第3話ではそんなところをお話ししよう。

お菓子タイム その4

iOSの自動アップデートには注意!

頻繁に通知が来る、iOSのメジャーアップデート。

でもアップデートの際には、必ず不具合が発生しているのが実情だ。アップデートしたまま起動しなかったり、起動時に表示されるアップルマークが何度も表示されるようになる「アップルループ」から復活しない報告も上がっている。

だからｉＯＳがアップデートできるという表示が出ても、すぐにアップデートせず、まずはWEBで情報を集めよう。やばそうだったらバグ修正を待つのがいい。

なお「設定」→「一般」→「ソフトウェア・アップデート」で「自動アップデート」をオンにしておくと、Wi-Fi接続している状態だと勝手にアップデートされるケースもあるから注意しよう。

寝ている間に勝手にアップデートされて翌日困る……。こんなことになったらたまらないからね。

第3話
やりたくない ことは、 やらなくていい

トレーニングから
始めよう

渋谷ストリームのすぐそば、渋谷川沿いにあるレディオブックの事務所。iPhone修理はもちろん、中古iPhoneの買い取りや、同業者向けの部品（iPhoneバッテリー）卸しの作業など、基本的にはここですべての業務を行っている。

さて、そんなレディオブック。契約形態にもよるが、実は福利厚生の一環として、社員と共同作業者には、スポーツ・ジム会員費と、プロテインなど各種サプリメント（事務所に置いてある）を提供している。

僕もほぼ毎日出勤前にジムで1時間くらい汗を流し、出社したら、まずは置いてあるプロテインを飲みながら朝食を摂る。

従業員たちにも、集中力が切れて頭がぼーっとしたり、ストレスがたまったなと感じたら、いつでもジムへ行ってきていいよ、と言ってある。

僕がこの制度を取り入れたのはなぜか。

まずひとつめ。有名な言葉だけど、

「健全な肉体にこそ健全な魂は宿る」

これは正しいと思っているからだ。

僕は格闘家時代、そしてその後のパチンコ入りびたりの堕落時代に、この言葉の意味を思い知らされた。

ジムの先輩たちを見ていてもやはり、鍛えていれば鍛えているほど、人格のレベルが高く、器が大きいように感じられた。僕自身も第2話に書いた通り、血反吐を吐くほどトレーニングしていた頃は、頭が常にキリッと冴えていたし、まぁちょっとやりすぎで体は節々が痛かったけれど（笑）、新しい発想も色々と湧いていた。

だけどパチンコに入りびたるようになると、体重が増え筋肉量が落ち、いつも頭がぼーっとした状態だった。その生活にきっぱりピリオドを打った後に、図書館へ通い詰めた話は前にしたけれど、同時に始めたのが、トレーニングの再開だった。

とはいえ格闘家時代みたいに強度の高いことはできないから、有酸素運動（主にランニング）を30分程度やり、その後ウェイトをやった。

このルーティンは今も同じで、ジムに行ったらまず15分ほどランニングマシーンで走って体を温めてから、「今日は胸」「今日は背中」と部位を決めて、3〜5種類くらいのウェイト・トレーニングを行う。ベンチプレスは腰を痛めそうなのでやっていないけれど、100kgくらいはいけると思う。

さて。トレーニングを再開すると、まず、病気になりにくくなった。これは一番重要なことだと思っていて、よく、会社だと（僕は就職したことがないので聞いた話だけれど）、

「今日は具合が悪いので休みます」

なんて人がいる。僕はこれが一番嫌いで、レディオブックで体調不良を理由に休んだとしたら、僕の叱声が飛ぶ。かなりの勢いで怒る。

なぜか。自分をメンテナンスできない人に、いい仕事ができるわけがないからだ。もちろん、インフルエンザとか、流行性のものは気を付けていてもなるからしょうがないけれど、経験上、大概「具合が悪いので休みます」と言う人は、何度も何度もそれを繰り返す。そして仕事にも細かいミスが多い。

要は不健康な人は仕事ができない、と僕は思っている。何よりも大事な自分を守れない人が、納期や約束を守れるはずがない。

結果として、そのような人と一緒に仕事をしていると、その人個人はもちろん、組織全体のパフォーマンスがどんどんと落ちていく。

だから僕は、

「ジム無料だから、通いなよ」

と声をかけるようにしている。

鍛えた方がいいと言うもうひとつの理由は、僕自身が、この筋肉によってたくさんのビジネスチャンスを得てきたからだ。

格闘家時代にとにかく鍛えよく食べて筋肉量を増やしたので、そのおかげか今でも上半身中心に筋肉が結構ついている。

それで、僕は年中半袖（冬はその上にコート）で過ごしているんだけど、打合せや商談で腕組みしていると、

「何かスポーツやられていたんですか？」

「ええ、実は昔、プロとして総合格闘技をやっていまして……」

「プロ格闘家!?」

という話になる。

特に相手が男性だと、意外に格闘好きは多いもので、僕が田村さんの弟子で……というような話をするとすごく面白がってくれる。

何を隠そう、第2話で話した、600万円をポンと貸してくれた中華料理店チェーンのオーナーさんと話が弾んだきっかけが、僕の筋肉と格闘家時代の話だった。

「どうしてそんなに腕すごいんですか？（笑）」

「なぜ格闘家だったのに今はiPhoneを？」

どんどん質問されて、それに対し僕が格闘家時代の話や、今の夢やビジョンを語ることで、信頼を得ることができたのだ。


筋肉は、ビジネスの入口にもなってくれる。

なにも大きな筋肉をつける（プロレスラーやアメフト選手みたいな「デカい」体をつくる）ことだけがすべてではない。

たとえば今大人気のモデル、ローラさんは、よくインスタグラムでトレーニングを公開しているけれど、これは僕から見てもかなりハードなものだ。そして彼女の体は惚れ惚れするほどに鍛え抜かれていて美しい。それが彼女の自信にもなっていると思うし、表情に出ていると思う。女性でも男性でも、やはり鍛えている体を持つ人は、自信がつくし、オーラが出ているものなんだ。

実際に肌ツヤもよくなるし、体力もつくから多少の無理も効く。

だから、ビジネスをしていく上で、体を鍛えることは何よりも大事なことだと僕は確信している。

たとえれば土壌のようなものだ。

栄養のあるしっかりした土がなければ、いい野菜は育たない。

それと同じで、健康で充実した体があってこそ、よい思考やアイディアが湧いてくる。ビジネスのスピードも速くなる。

本書を読んでいる君はたぶん「変わりたい」とどこかで思っているだろうから、まず僕は言いたい。

「トレーニングから始めてみなよ」

運動は昔から苦手で……そんな人は自分のできるレベルから始めればいい。

ただ、ひと駅分歩くとか、エレベーターじゃなく階段を使うとかではダメだ。必ず、ちゃんとしたトレーニングウェアとシューズを買って、10分でもいいから走ってみる。歩いてみる。できそうだったら5回でも10回でも腕立て伏せ、腹筋運動をしてみる。そこから始めよう。形から入ることも大切だ。

そうすると絶対にいいアイディアが湧いてくるし、ストレスも軽くなる。頭がすっきりして、あれしてみようこれしてみようと毎日のワクワクが止まらなくなる。

ぜひ、試してみてほしい。

やりたくない
を、書き出せ

２０１８年、夏。

僕は知り合いから頼まれて、大学生向けのセミナーで講師をすることになった。テーマは正確に覚えていないんだけど、「君たちはどう生きるか」といったものだ。

つまり「どうやって自分の進路を決めたらいいのか」「やりたいことをどうやって見つけたらいいのか」を、あなた自身の体験をもとに語ってくださいという、アレだ。

ただ、普通に僕の人生を語っても大学生は忙しいだろうし面白くないかな、と思って、僕は冒頭で次のように問いかけた

「みなさんにこれからＡ４の紙を１枚ずつ配ります。そして、今この瞬間でも、過去にさかのぼって、たとえば小学生の時でも構いません、『やりたくない』もしくは『やりたくなかった』ことを10個、書き出してみてください」

「夢を10個書き出す」とか「好きなことを10個書き出す」とかがよくある手法だけど、それがわからないからこの子たちはセミナーに来ているわけで、ハードルが高いんじゃないかな？　と思ったから、あえて逆に「やりたくないこと」を書き出してもらっ

た。

「たとえば僕は、エクセルが大嫌いなんです。考えただけで吐き気がするし、鳥肌が立ちます。というかパソコン作業全般が嫌いです。そういうのは得意な他の人に振っています。外でも社内でもスマホしか持ちません。でもみなさんは卒論を書かなきゃいけないから大変ですね。同情します！」

なんて、少し冗談も交えて僕自身の「やりたくない」を語った後に、とにかく軽い気持ちで、と呼びかけて、どんどん書いてもらった。

すると面白いもので、15分もしないうちに10個書き出せる子たちが出てきた。時間的にも余裕があったので、早くできた人たちを何名かずつグループにして、ディスカッションをしてもらった。

僕が入ったグループの中で、面白いやり取りがあった。その女子学生は紙の一番上に、大きく「介護」と書いていた。

「やりたくないこと、介護、ってどういうこと？」

「私、祖父を介護しているんです。正確には母と分担してやっているんですけど」

「ふぅん、それがやりたくないことなの？」

「やりたくない……って言うと語弊がありそうですね。祖父は大好きなんですが、やっぱりその、時間はとられるし、体力も何かといるし、それと時々、その、臭いもあって……」

「介護士さんを雇えばいいんじゃない？」

「そのお金はなくて……」

「えっ？　でもその分、君もお母さんも時間が制約されているんだよね。たぶん話を聞いているとお母さんは一日中意識を……失礼、おじいさんは母方？　父方？」

「父方です」

「父方となると舅さんになるよね。まぁ、言ってしまえば他人なわけだ。その他人に、一日中意識を向けていなければいけない。君は今就活中だし、バイトに精を出すってわけにはいかないだろうけど、２人で働いた分をプラスして、お父さんのおこづかいを少し減らせば（笑）、最低でも週の何日かは楽できるんじゃないかな」

「確かにそうですね……でも心情的に難しいかも」

「うん、だったらプレゼンしてみよう。その時間が節約されることで、どう家庭に幸せが訪れるかってことを。それに、一気に変えるのが無理だったら、お試し期間を設けて、まずは1日だけでも介護士さんに来てもらうのはいいんじゃないかな？」
「なるほど、そうですね……考えてみます！」

少子高齢化社会だから、こういう家庭も多いだろう。言葉には出さずとも我慢して介護にあたっている人たちも少なくはないだろうし、「自分がやらなければ」ととらわれている人も多そうだ。実際に自分しかやる人がいないというケースも多数あるだろう。

ただ、僕が注目したのはその学生が、やりたくないことリストの一番上に介護と書いたことだ。

自分の将来を考えたいと参加したセミナーの、しかもいきなり書かされたリストで、一番最初に「介護」が頭に浮かんできてしまう。これはイコール、年中「介護、いやだなぁ……」が彼女の頭の中をぐるぐるぐるぐる回っているということだ。

こんな状態でいい就職活動ができるわけがない。ましてや、いい人生が送れるわけがない。

変えるには障害も多いだろう。世間体というものもある。簡単にはいかないかもしれない。でもトライしなければいつまでも今のままだ。

そして同時に、介護について考えることは彼女の「やりたいこと」を掘り起こすことだということも僕はわかっていた。

介護の時間がなかったら、その時間を何に使いたい？　そう僕が問うと、彼女ははにかんだ顔で、

「友達と、もうちょっと、一緒に飲む時間がほしいかな……勝手ですよね」

と答えた。何が勝手なものか。ただ、お茶じゃないのがひっかかった。なぜお酒？と問うと、

「お酒が好きなんです。酔うとかじゃなくて、味が」

「ふうん、じゃ、自分が作る側とか売る側になってもいいんじゃない」

「そうなんですよね。実際飲料メーカーに何社かエントリーしているんです。でも、すごい倍率だし、母が、女がお酒ねぇ……って……」

「いつの時代だよ（笑）。いいじゃない、気にしなくて。お母さんだってお酒飲むでしょう。というか、君がその意識を変えてやればいいんじゃない？」

「ええ、なんだか勇気が湧いてきました（笑）。やりたいこと、そうですよね。お酒が大好きだから……チャレンジします」

やりたくないことをやらない。これはすごく勇気のいることだし、実際に「やらない」まで持っていくためにはかなりのエネルギーと根気を必要とする。環境を変え、自分自身を変え、何より周りの人の認識を変える必要もあるだろう。

時にはお金だって必要だ。

でも、無理だと思うことに挑むからこそ人生は面白いんだ。そして挑んだ先には必ず「やりたいこと」が待っている。

さぁ、今すぐ次のページに、「やりたくないこと」を10個書き出してみよう！

やりたくないことリスト

1

2

3

4

5

6

7

8

9

10

時間泥棒は、相手にするな

会社を経営していると、いろんな人に出会う。

善き人もいれば当然悪人もいる。本人に自覚がないのがほとんどでその度に気が滅入るんだけど、中でも僕が嫌いな人種が「時間泥棒」だ。

時間泥棒にエンカウントしてしまった！　その時は社内用語「アニサキス」を使うようにしている。「アニサキス出た！」とチャット。ポケモンじゃない。寄生虫だ。


たとえば、こういうパターン。

「板垣さんご無沙汰してますー　お元気ですか？　いやあ事業も順調そうで何より！ところで、なんか案件ありませんか？」

知り合いだし、ビジネスにつながるかと思って対応する。でも実のところなんの話にもならない。自分の想いだけ語ってくる。それはちょっと無理かな、と断るとそれっきりだ。相談の御礼メールひとつ送ってこない。仁義がない。

時間を突然奪いにくる。何も残らない、何も生まれない。まさに泥棒だ。


こんな例もある。

「板垣さん！　こんな面白い案件があるんですよ！」

確かに、面白そうな案件だ。実際に会って、長い時間をかけてミーティングする。

「ありがとうございます！　こちらで進めてみます。詳細はまた今度ご連絡しますね」

しかしそれ以降、音沙汰がなくなる。何も起こらない。

「あの件、どうなったんですか？」

「あぁごめんなさい！　ダメでした！」

それだけ。はらわたが煮えくり返るような気分になるが、怒るだけ無駄なので以降、関係を絶つようにする。


まだまだ。こんな例もある。

「僕、○○とつながってるんですよ」

と、大企業の名前を出してくる。

「あそこに話を持って行ったら絶対にいけますよ。なんたって僕のパイプがありますから。端末が100台でも200台でも売れますよ」

で、何をさせるかというと、

「ちょっと先方への説明用に資料が必要なんで、こんなの作ってもらえませんかね」

資料ができ上がると（僕は前述の通りパソコン作業はやらないから、うちのスタッフに作ってもらう）、その後は、

「じゃあうちの戦略の人間とまた1時間くらい打合せしましょう」

そしてまた打合せ。これを何回か繰り返す。そして、突如、音沙汰がなくなる。

「あれ、どうなりました？」

聞くと、

「あ、ちょっとまた追加で資料をもらえます？」

一体、いつ終わるんだ……？　時間と労力だけをかけさせて、結果何も起こらない。

これも丁重に関係を絶つようにしている。

時間は何よりも重要だ。タイムイズマネーというが、お金よりも重要だろう。時間を奪いにくる人は本当に最低の人種だと思っている。

質《たち》が悪いのは、お金を奪いにくる人はわかりやすいけれど、時間を奪いにくる人は絡んでみるまでわからないということだ。話をしてみないと、彼が時間泥棒なのか、本当にビジネスを加速させてくれるエンジェルなのかが、わからないのだ。

ただ、自分から時間泥棒に会いに行ってしまっている場合もある。

スマホを例にして、みなさんにひとつ提言したい。

「スマホは3大キャリア（の制度）で買ってはいけない」

ということだ。

分割払いができるからとか、2年経てば端末代が無料になる契約だからとか、メリットになりそうなことは色々とあるかもしれない。でも、分割払いであればカードでもできる。僕はいつも端末はメーカーから一括払いで買っている。なんでキャリアから買わないかというと、時間泥棒をされてしまうからだ。

購入するためにキャリアに行くと、

「まずは受付の紙をお取りください」

と言われる。待つ。なんと下手すると30分くらい待たされる。あなたが暇ならいい。でも一分一秒がもったいないビジネスマンにとってそんな時間はストレスでしかない。

やっと順番が来たかと思ったら、何が始まるか？

「ところで、こちらが重要事項になりますので、すべて読み上げさせていただきます」

　アホか。どうでもいい。早く端末をくれ。そう、この間、会社の端末をどうしても手続きしなければならなくて某ショップに行った。そうしたらいきなり店員がタブレットを持ってきた。

「ちょっと流しておくんで、この動画を見ていてください」

「いやすみません、時間がないんで、飛ばしてください」

「いや、でも決まりなので……」

「いやほんとに時間ないんで、見ながら進めてもらってもいいですか？」

「えーと……しょうがありませんね。わかりました」

　なんという時間泥棒だろう。

　自分が自分の時間泥棒になってしまう場合もある。

　同じくスマホの例でいうと、

「ギガ（データ通信量）が減っちゃって」

「月末だから制限かかっちゃって」

　よく聞く話だけれど、僕はこれ、信じられない。

どうしてパケット代がもったいないと思うんだろう。たかだか1000円や2000円の話だよね。その値段をかけないで、ぐるぐるぐるぐる回るダウンロード表示をぼーっと眺め続けられる方が、不思議議でしょうがない。

低速モードのストレスは計り知れないものがある。

それに、いつ災害が自分に襲いかかるかわからない。いざという時に、通信制限で端末が使えなかったらどうしよう？

「低速だからラインが使えない。ああ、ギガマックスにしておけばよかった……」

頭を抱える。シャレにならない。

時間泥棒は絶対に許してはならない。他人にも、自分にも、だ。

昨日一日朝起きてから寝るまでにやったことを書き出してみよう。

きっと泥棒、しちゃってることがわかると思う。

家も、服も、
もういらない

前項の、「時間泥棒は、相手にするな」とも関連する話だけれど、僕は今、定住する家を持っていない。

もう少し正確に言うと、妻と子どもたちは横須賀にある妻の実家近くに買った家に住んでいる。というのも、義父は義母が亡くなってからひとり暮らしで、誰も近くにいないのは寂しいだろうし、実家近くは自然も豊かだから子育てもここでやりたい、と妻が言ったからだ。僕も賛成した。でも僕自身は、レディオブックの事務所がある渋谷付近のビジネスホテルを転々としながら生活している。2週間に一度、子どもたちと会う時間を設けて、その時だけ横須賀の家に帰るようにしている。

理由は2つある。

まずは帰る時間がもったいない。自分に対して時間泥棒している気分になる。

でもそう書くと、「やりたくないを、書き出せ」で語ったように介護士を雇って自分たちは事務所近くに家を買えばいいじゃないかと思う人もいるだろう。でも、それは妻にとって「やりたくないこと」だったし、僕は自他ともに認める子煩悩なので、子どもたちが近くにいるとビジネスのことで常に頭をいっぱいにさせておく、ということが逆に負担、ストレスになってしまうおそれがあった。

もうひとつの理由は、環境を毎夜変えることが新しいアイディアを生むのにとってもよいことだからだ。少なくとも、僕にはとても合っている。新しいアイディアを思いつくのはたいてい、ホテルでスマホを片手に思考している深夜2～3時なのだ。

だからだいたいその時間帯にスタッフにメールを送っておく。もちろん彼らは寝ていてくれて構わず、朝それを見て、動いてくれればいい。ただし彼らもわかっているから起きていて、そのまま朝までチャットしてしまうこともある。

さらに、「事務所からホテルまで歩く時間」も僕にとって大事な時間だ。

渋谷近辺と書いたけれど、恵比寿駅前など、歩いて30分以内のところに足を延ばすこともある。事務所からの道を歩いていると、色々なものを目にする。広告はもちろん、何気なく聞こえてくる話し声、行き交う人々の服装。

そういった街の息吹を嗅ぎながら歩いていると、時々、ピンと閃くことがある。そういえば何かの雑誌で、歩きながらだと発想力が高まるという記事を読んだこともあるけれど、なにより体を動かすことが僕の性に合っているのだろう。

環境を変える、というのは大事なことだ。仕事だって、いつも同じ机で同じ空気を吸ってやっていたら、それが合う人にはいいのだろうけれど（プログラマーの人から話を聞くと自分で構築した環境が最強だと言っていた）、合わない人の方が多いのではないだろうか。そんな時は、カフェに行くとか、今は寒いからあれだけど公園に行ってみるとか、工夫してみたらいいと思う。

さて、そういうことでホテル生活の僕だけど、

「じゃ、服はどうしているんですか？」

とよく聞かれる。

男でよかったなと思うんだけれど、服は3パターンくらいしか持っていない。僕は夏も冬もだいたい黒の半袖とパンツ、これは事務所に何着か置いてあるので毎朝取り換えるだけだ。下着は、洗濯するのも面倒くさい時は帰り道にユニクロで買ってしまうこともある。

ジャケットは着ることもあるけれど、ジャケットを着なければ成立しない商談や打合せはそもそも少ないので、これも2、3着で事足りる。

本当にこれは効率的だ。毎日お化粧をして、服も替えなければならない女性の方々は難しいだろうけど、それでも着回しなどを工夫して減らすことはできると思うのでぜひ考えてみてほしい。

ただ、こうやって書くと「ミニマリストか」と思われそうなので断っておくけど、僕は住む場所や服にこだわりがたまたまなかっただけで、こだわりがある人はどんどん持っていいと思う。

大切なのは何度も言うけれど「やりたくないこと」を見極めることだ。僕は毎日決まった場所に帰りたくなかった。毎朝「何を着ようか」と悩みたくなかった。だから家と服を持っていない。

でもゲームは好きだ。やりたい。だからどんなに事務所の場所がとられようともゲーム機器の場所は確保している。ジムも好きだ。鍛えるのが好きだし、鍛えたら良質なタンパク質を補給したい。だから事務所の棚をひとつ潰してでも、プロテインやBCAAなどのサプリメント置き場を作っている。

ちなみに、プロテインもBCAAも「Choice（チョイス）」というブランドのものを置いている。そのブランドサイトに「カラダにいいものだけ。」と書いてある通り、人工香料、人工甘味料、遺伝子組み換え作物は一切使われていない。値段は少々張るが、体に摂り込むものに妥協はしたくない。

このように、こだわるところには僕も細部までこだわっている。

「家に帰らねばならない」「服は変えなければならない」、そういった世間の常識から考えるのではなく、自分は何を「やりたくない」のか、から生活を組み立ててみると、自分でも驚くくらいの発想が生まれてきたりする。

ぜひ試してみてほしい。

オンとオフは
分けるな

「板垣さんは毎日お忙しそうですね。オフの日は何をされてるんですか？」

こう、よく聞かれる。その時に僕は、

「僕にはオフという考えはないんですよ」

と答えることにしているけれど、これは何も毎日仕事漬け、という意味ではない。


僕は仕事も遊びだと思っている。というか正確には、自分の人生を構築する要素は全部等しく遊びだと思っている。つまり、

「仕事＝子育て＝通勤＝睡眠＝エトセトラ、エトセトラ……＝遊び」

ということだ。


前項の「家も、服も、もういらない」で書いたように、僕は子どもたちがすごく好きで、子どもたちも僕を好いてくれている。上が9歳で下が5歳になるけれど、どちらも「パパと結婚する」と言ってくれている。可愛いね。ごめん、親バカがすぎた。

子どもたちのライフサイクルは、平日は学校で土日祝日が休日だから、彼らと会うには、休日にレディオブックの事務所にいなくていい、言い換えれば、取引先への連

絡をしなくていい、社内連絡などをしなくてもいい状態を作っておく必要がある。

これ、具体的にどうするかというと、土日のうちどちらかは子どもたちと妻が住む横須賀へ行ってもいいようなスケジュールをあらかじめ組んでおくのだ。

そしてそれをできるだけ社内スタッフ、さらに言えば取引先とも共有する。

うちのスタッフもそうなんだけど、世間の人たちがうまく休めないとか、うまく遊べない、というのはこのあたりが甘いんじゃないかと思っている。

打合せなどになると、１分単位でスケジュールをグーグルカレンダーなどで管理するくせに、こと子育てや趣味のスキーのことなどになると、「この日、スキー」くらいしか入力しない。スキーに行くためにこの日はここまで作業を進める、とか、スキーに行くためにこの作業は他の人に振ろう、とかいう段取りを全くしない。

もしくは、しようと思っているだけで、覚悟が足らない。

結果として降り積もったドカ雪がごとく、仕事が山積みとなって、

「ごめん、やっぱり行くの無理だ……」

と連絡をするはめになる。もったいない。

僕が子どもたちと遊ぶのは、子どもが好きだからということもあるけれど、自分の精神のメンテナンスという位置づけもある。だから家に帰ったらスマホを見ないで、120%の力で子どもたちと遊ぶ。すると気持ちがときほぐされていくのがわかる。さらに子どもの何気ない発言から、新しいサービスのヒントをもらえたりなんてこともある。

ただ、僕にも、

「ごめん、明日はちょっと帰れないや」

と妻に連絡することがある。

それは、明日帰ったとしても、自分がイライラしていたり、自分が仕事をしたいというモードに入っていると感じた時だ。言い換えれば、自分が子どもと楽しんで遊べるような肉体的精神的コンディションを作れていない時は、きっぱりと会わないことにしている。

個人事業主として修理業をやっていた時の話だ。

その時は自宅で仕事をしていたから、多少イライラしていたとしても、子どもが寄ってきてしまうことがあった。

「お父さん、遊ぼ！」

「ごめん。今難しい修理をしていて、手が離せないんだ。あっちに行っていなさい！」

つまらない。こんなつまらないことはない。こういう対応をしてしまうと、子どもも悲しいし、その想い出は下手をすれば一生脳裏に刻まれるだろう。僕にも後でものすごい罪悪感が押し寄せた。

この感情状態によるリスケジューリングは、子育て以外のシーンにも当てはめている。

午前中はジムに行こうと決めていても、前夜からの精神的な流れがよくなければ、その精神が回復するのをまずは待つ。その分、時間を割いてその原因を探る。

すべてのスケジュールをこうして管理していく。週のうちにある、何かの予定のために、コンディション作りをする。仕事も家庭も遊びも、同じフェーズに載せてセルフマネジメントしていく。

この作業、最初はしんどいな、と感じるかもしれない。

でもまずは2週間やってみてほしい。いかに自分が「無駄な作業に流されている」かがわかるはずだ。精神的にも肉体的にも。

#ややらは
自分解放宣言だ

「やりたくないことはやらなくていい」僕がこの考え方をなぜここまでお勧めするのか、その理由をここで一度まとめておこう。

やりたくないことをやめれば、本当にやりたいことが見えるという話は前述の通りだけれど、これは自分の「哲学」を明らかにする作業でもある。

たとえば、僕はいつも「手ぶら」だ。スマホと財布（最近は財布も持たなくなった）だけを持ち、重要な打合せから会食まで、どこにでも出かけていく。

なぜ僕はそうしているのかというと、笑われるけど「常に臨戦態勢でいたい」からだ。つまり、手がふさがった状態で前や横から暴漢が襲ってきたら、闘えない。それが嫌だ。よく過剰だと言われるけれど、僕は本気でそう思っている。手がふさがっているのが嫌でしょうがない。

さらに考えてみた。なぜ服が嫌か、なぜ家が嫌か。すると、「気の向くままに移動したい」「気の向くところで仕事したい」という理由が出てきた。共通している。つまり、この「気の向くままに」が自分の考え方の核（＝哲学）だということがわかっ

①「やりたくない」を除けば「やりたい」が見える

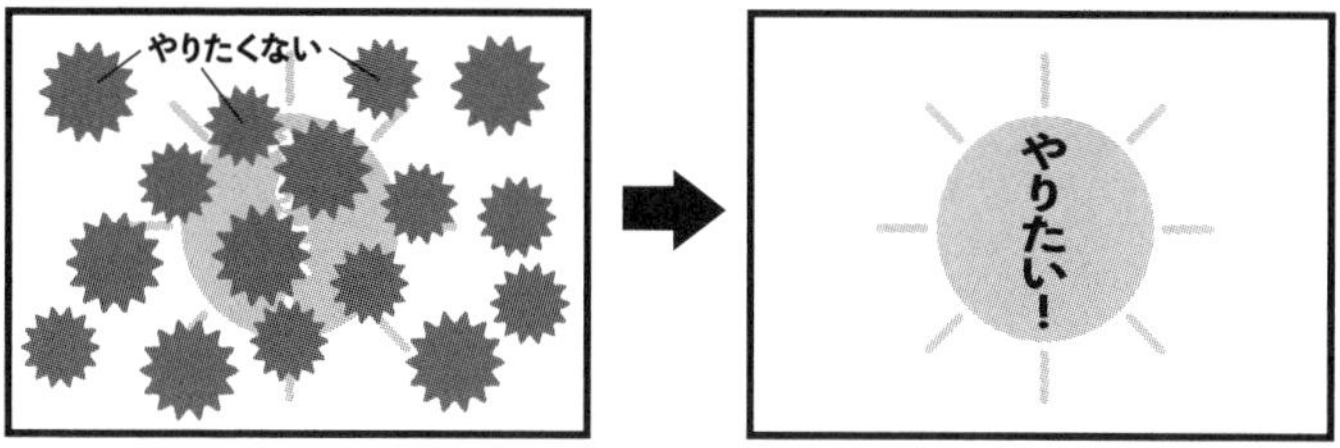

②レベルアップは3段階

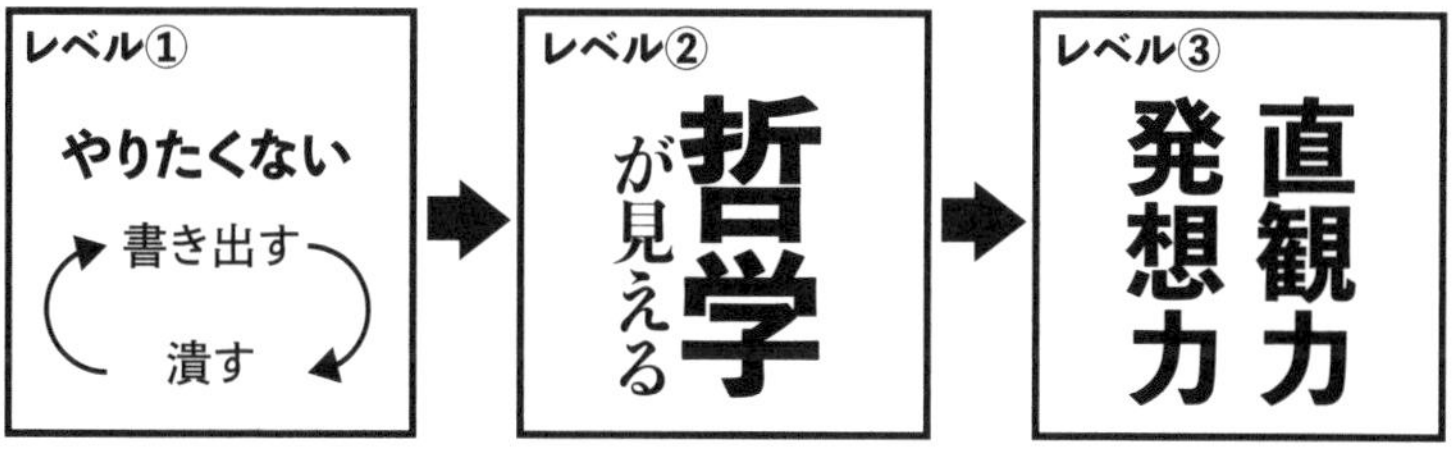

たのだ。

　まとめると上の図のようになる。

　さて、「やりたくないこと」をやめる、ここがレベル1だとすると、自分の「哲学」が見えてくる、ここがレベル2。哲学は土台だ。これがなければ次のステージには進めない。

　じゃあ最終形態レベル3はどうなるかというと、何も考えなくても、「自分が何をすべきか・何をしないべきか」が直観でわかるようになる。このレベルに到達すると、その直観力はもちろん、発想力が格段にアップしているのがわかる。さらに、レベル3になれば、気の巡りがよくなるのか、いい出会いが向こうからやってくるようになる。

現に僕は、前項「家も、服も、もういらない」で書いた通り、ホテルで深夜に素晴らしいアイディアが降ってくることが多い。良質な出会いも増えた。これは家を持って服を持って、さらに言えばカバンを持っていた時代にはなかったことだ。

この本が出来る直前、ツイッター上で（『やりたくないことはやらなくていい』を略して）「**#やりやら**」というハッシュタグで、自分のやりたくないことを呟いてもらうキャンペーンを行った。イラストレーターのendoさんが、投稿された「やりたくないこと」の中から面白いものを選び、それをスタンプにするという趣向だ。たくさんの投稿が集まった。エクセル、スーツ、髭剃りに確定申告、世の中は「やりたくないこと」で溢《あふ》れているなと改めて感じた。

と同時に、自分に鎖を付けて毎日を過ごしている人がこんなにも多いということに驚いた。

もうひとつ。「好きなことを見つけよう」という言説も多いけれど、僕はこれでは自分のやりたいことは見つけられないと思う。

サッカーが好きで、野球が嫌いな少年がいたとする。彼に「どうしてサッカーが好きなの？」と聞くよりも、「どうして野球が嫌いなの？」と聞いた方が、彼は自分についで深く考えるからだ。泥へのスライディングか、坊主頭か、バットを振ることか、はたまた野球部顧問の先生か……こうして要素を出してひとつひとつ潰していくと、本当に自分が何が嫌だと思っているものの正体が掴めるのだ。


さぁ、今すぐツイッターを開き「**#やりやら**」ハッシュタグを付けて、自分の「やりたくないこと」を宣言しよう！

僕もまだまだだけど、ぜひみんなも本当の自分と出会い、人としてレベルアップしてほしい。

お菓子タイム その5

AppleCare+には入った方がいい?

iPhoneの保証をしてくれる「AppleCare+」。これに入っているとアップルストアでの正規修理が受けられる。

でもこれ実は、壊れたものを持ち込むと、ほとんどの場合は修理ではなく交換になる。

交換になるとどうなるか？　もちろんそれまでの本体は使えないから、撮り溜めてきた写真などの大切なデータが消えてしまう。そのため修理の前にはバックアップして持っていかなくてはいけない。それに加え、最近はユーザーも増えたから、即日対応はもちろん、予約さえ取れないことも多い。

それから「保証」といっても完全無料ではなく、数千〜1万円ちょっと取られる。だから僕個人としては、「AppleCare+」に入ることはお勧めしない。

今はもっとお得なiPhoneの保証はたくさんあるから、色々と調べてみるといい。

お金も信用も
借りていい

僕は2018年夏に、キングコング・西野亮廣さんのオンラインサロンに入った。

西野さんのことは「はねるのトびら」時代から好きだった。僕の同い年にこんなにすごい人がいる、と感動したし、絵本を大ヒットさせたり、「はれのひ」事件の際の対応もニュースで見ていたりして、色々なことを圧倒的な熱量で形にしていくのが本当にすごいなぁ、と思っていた。

この本を出すと決まった時に、レディオブックのメンバーが、

「雄吾さんの言っていること、西野さんと似ていますよ」

と声をかけてきた。

へぇ、と思って、ビジネスマン書という同じ分野で本を書くわけだし、パラパラとだけ読んでいた西野さんの著作をすべて再読してみた。

すると、これがめちゃめちゃ面白い。ツイッターやブログも、とんでもなく面白い。何より僕の日頃考えていることとリンクしている部分も確かに多かった。

前々からオンラインサロンを主宰されていることは知っていたので、入会することにしたのだ。当時8000人近くいたサロン。サロンに集っている人たちともぜひつ

ながってみたいという想いもあった。

＊

さて、サロン内には当時「部活動」というグループがあって（今はない）、その中のとある部活動で、「三方よし」という発言を西野さんがしていたのを目にした。
要は、ひとりが得するのではなくて、西野さんのオンラインサロンでせっかくつながっているのだから、つながっている者どうし、そして西野さん、この3者がウィン＝ウィン＝ウィンで喜び合えることをやりましょうよ、という趣旨だった。

そこで僕は閃いた。

1. 僕（板垣）＝サロンに入っている熱量の高い方々と、ひとりでも多くつながりたい（かつレディオブックの面白さを知ってほしい）。
2. サロンメンバーさん→ほとんどの方がiPhoneを使っている。話を聞くと画面が割れていたり、バッテリーが消耗している人も多い。iPhoneを無料で修理できたら嬉しいのではないか。

3．西野さん→「i+Remaker で修理が終わったら必ず『レターポット』を使ってください」とすることで、西野さんのサービスを知ってもらう、使ってもらうことができる（僕自身、このサービスは素晴らしいと思っていた。『レターポット』の詳細は西野さんのブログや著作に書いてあるので読んでみてほしい）。

以上のような「三方よし」を思いついて、部活動メンバー限定のフェイスブックグループに、そのことを投稿した。

「部活動メンバーの方々限定で、iPhone を無料で修理させていただきます。ただし、i+Remaker 渋谷本店に来ていただける方に限定します。また、修理後はツイッターなどSNSに修理したことを投稿し、さらに必ず『レターポット』を使ってください」

すると西野さんが投稿の承認（つまり「いいね！」ってこと）をしてくれた。

それが2018年9月のことだった。ちょうど iPhone Xs が発売された頃だ。すると続々とサロンメンバーが i+Remaker 渋谷本店に来てくれるようになった。

なんと現在までに、約３００人のiPhoneを修理させてもらった。

修理代金は告知通り、もちろん「無料」なのだけど、その分僕は、認知度と、信用を稼ぐことができた。

信用を作るっていうのはものすごい時間とそれなりにお金もかかるものだと思っている。企業のブランドを考えてみるとわかりやすい。ブランド価値を守るために、大企業は莫大な予算を割いている。何よりも、iPhone 1台を修理する値段よりもずっとずっと高くつくだろう。

そしてお金で信用を買ったところで、その信用は一時的なもので、すぐにフォロワーが減ってしまう。

でも今回の「三方よし」企画では、たくさんの人と実際にお会いできて、僕という人間やレディオブックという会社の面白さを伝えることができた。iPhone修理にかかる15〜20分の間、お菓子を食べながら、お茶を飲みながら、情報交換をすることができた。

つまり、最高に質のいい信用を得ることができたってわけだ。さらに、修理を介した出会いがビジネスにどんどんつながっていった。左記はほんの一部だ。

・H.I.S.Impact Finance 株式会社さんとバックファイナンスで事業提携をした。

・講演を頼まれた。

・有名ベンダー出身のエンジニアが i+Remaker 事業に参画してくれた。さらに、とても優秀な司法書士と税理士が「板垣さんのお手伝いをしたい」と、僕の一番苦手なお金関係の資料作りを手伝ってくれるようになった。

・フランチャイジーの新規契約を12件獲得した。

・西野さんのオンラインサロンの部活動のひとつ「大学生部」の子たちが僕に興味を持ち、レディオブックで「インターン2・0」と称して事業に関わってくれるようになった。今では10名以上のメンバーがいる。

僕は西野さんの「信用」を少しお借りした。その分、いやそれ以上に何かでお返しできればと今、色々と考えている。

#ややプロジェクト

もうひとつ信用のことで話をしたい。

僕はこの本の装丁（デザイン）にはこだわりたいと思っていた。借金まみれなのにi+Remakerのロゴにさらに借金をしてお金をかけた話は第2話でしたけれど、とにかく視覚的なデザインは何よりも重要だという想いが僕の中にはあったからだ。

そんな時、ぼーっとツイッターを見ていると、前田高志さんの投稿がRTで流れてきた。面白いな、と思ってプロフィールページに飛ぶと、箕輪編集室でデザインを、と書いてある。

「えっ、あのバナーとか、全部この人がやってるのか！」

と驚いた。僕は箕輪編集室のデザインが好きで覚えていた。さらに、任天堂広報室出身というところにも（前述の通り僕はスーパーファミコン世代で任天堂に育てられたと言ってもいい）魅かれて、そして「デザイナーから漫画家へ転身」でノックアウトされた。

「何この人、面白すぎる！　デザインも素晴らしいしぜひこの人にお願いしたい！」

気づいたら、僕は前田さんにDMを送っていた。

……ということを、翌日、編集の片野さんに報告したら、彼は目を丸くしていた。フェイスブックメッセンジャー越しだったから正確には見ていたわけではないけど、メッセージ越しでもその驚きようが伝わってきた。「やっちゃったかな？」と一瞬焦った。

「デザイナーさんを決めた⁉　どういうことですか⁉」

「この、前田さんという方にお願いしようと思うんです。今度レディオブックの事務所に来てくれることになったので、その時間、空いていませんか？」

「いや……前にも話しましたけれど、既に他のデザイナーさんに声掛けしていますよ。もう3か月前だし。言いましたよね。それに彼、noteとか読むとそもそも装丁未経験みたいじゃないですか……」

「えっ、そうなんですか。いや、でも、会うだけでもぜひ！」

「……わかりました」

レディオブックの事務所で前田さんに会うと、字面で見た経歴以上に面白く、そして人生を覚悟して生きていることが伝わってきた。僕も本を書くのは初めて、前田さんも装丁初めて、という初めてどうしだからできるものがあると感じた。何より3人の息がこの本に関して合うのがわかった。

片野さんもそれを感じてくれたようで、その場で前田さんに装丁をお願いしてくれた（レディオブックを出た直後、声掛けしていたデザイナーさんに丁重に連絡をし、僕の本ではなく別の本の装丁を依頼してくれたらしい）。

信用の話に戻る。

前田さんもオンラインサロン「前田デザイン室」を運営されている。『マエボン』という素晴らしい雑誌もそこで作られていた。集っているメンバーの熱もすごかった。

ある日、前田さんがこう提案してくれた。

「前田デザイン室のメンバーたちに、『#やりやら　プロジェクト』として、何か面白いこと考えついたらやっていいよ、遊んでいいよ、って呼びかけていいですか？」

「ぜひ！」

前田さんがツイッターで呼びかけると、続々と「やりたい！」という声が集まった。

まだ僕のことをほとんど知らないにもかかわらず。前田さんの信用がそれを可能にしたのだ。

その結果として、ビジネス人生論の本としては日本初ではないかと思うんだけど、発売前になんと、この本の、

・僕のインタビュー動画
・テーマソング
・ＬＩＮＥスタンプ

が作られた！　僕を「やりたくないおじさん」としてキャラクター化して、めいっぱい遊んでくれたのだ。このやり取りなんかも全て note やツイッターで公開していて、楽しんでくれている。

信用が信用を生み、楽しいことがどんどんと生まれてくる。

オンラインサロンって最高だなぁ、と思った瞬間だった。

「i」を
とりもどせ。

さて。ここまで「オンラインサロン」の楽しさと将来性についてたっぷりと語ってきたわけだけど、察しのよい読者のみなさんなら、そろそろ「あれ？　この流れはもしかして……」と気づいているかもしれない。

音楽が好きで楽しくて→バンドマンになった。
格闘技が好きで楽しくて→プロ格闘家になった。
独立したくて＆iPhone事業が楽しくて→i+Remakerを作った。

そして、僕はオンラインサロンが大好きになった。こんなにワクワクするものに出会ったのは久しぶりだ。そこで、今iPhone事業を主体としているレディオブック自体を、「i+Remakerサロン」運営母体に変革しようとしている（正式には2019年の4月にローンチする予定だ）。

ちょっとわかりにくいので説明しよう。

まず、サロンのコンセプトは見出しにもなっている「『.i』をとりもどせ。」だ。

i はもちろん i+Remaker の i と、自分、愛をかけている。理念の軸はもちろん「やりたくないことはやらなくていい」。自分の本当にやりたい仕事は何か？　というか仕事って何？　を、このサロンを通じてもう一度考えてみてほしいと思っている。

ただ理念だけじゃダメだ。

サービスは常に差別化を求められる。他と、どう、違うのか？

僕は色々とオンラインサロンを見てきて、思ったことがひとつあった。それは「個に依存しすぎる」ということ。サロンという性質上しょうがない部分もあるけれど、ほとんどのメンバーは、サロンリーダーのカリスマ性に依存してしまっていることが多い。そして少数メンバーに負荷が集中して機能不全になっている状況も何度か目にした。

そこで i+Remaker サロンでは従来型オンラインサロンのヒト・モノ・カネ・シクミを見直す。「ドラゴンボール型（絶対的ヒーロー：悟空がいる）／形骸化」の弊害を取り除き、「ロマンシング サ・ガ型（全員がヒーロー：ひとり欠けてもダメ）／活性化」サロンを目指そうと思っている。

その特徴をまとめると、次の4点に集約される。

1. 全員がヒーローになる。
2. スマホ端末無料貸与、無料修理。
3. 手頃な会員費（月額1000円）。
4. 連邦制を布く。

既存型オンラインサロンとの違いをまとめたので、詳しくは次ページの図を見てほしい。

特に重視したいのは「部長」の存在と「スマホ無料貸与／無料修理」だ。

部長についてだけど、これは何もカリスマデザイナーさんや、カリスマ編集者に入ってもらう、なんてことを考えているわけではない。あくまで「ちょうどいいカリスマ」にジョインしてほしいと思っている。そして彼らがきちんと対価を得られる仕組

i+Remaker サロンの特徴
〜ロマンシング サ・ガを目指す〜

	従来型サロン「ドラゴンボール型／形骸化」		i+Remakerサロン「ロマンシング サ・ガ型／活性化」
ヒト	**ワンヒーロー** ・1人の絶大なカリスマのみが活躍している一方で、ほとんどのメンバーはただ所属しているだけ ・希望すれば誰でも部長（リメーカー）になれ、ボランティア感覚に陥っている	▶	**全員ヒーロー** ・複数のちょうどよいカリスマのもと、全員が活躍する ・部長は資質重視。責任を負い、対価を得る
モノ	**モノのメリットなし** ・物質的なメリットは特にないため、主体的に行動しなければ、サロンのメリットは受けづらい	▶	**スマホ無料貸与／無料修理** ・スマホ無料修理を受けられるため、行動を起こさなくてもサロンのメリットを受けられる
カネ	**高い会員費** ・月5,000円という会員費のため、離脱が多い。その結果、サロンに入った目的を達成できないメンバーが多い	▶	**手頃な会員費** ・月1,000円という安価な会員費のため、負担なく続けられる。その結果、「行動したい！」と思えるその日まで所属しやすい
シクミ	**中央集権** ・リーダーや側近に権力と業務が集中し、機能不全に陥っている e.g.,メンバー間トラブルの頻発、部活動の縮小	▶	**連邦制** ・部長に権力や業務を分散させ、部長を本部がサポートする体制により全体を活性化e.g.,メンバーガイドライン、チケット制イベント

みにする。

スマホ無料貸与／無料修理だけど、このサービス、僕は昔からずっとやりたいと思っていた。いつか誰かがやるだろうから早く自分がやらなければ、と焦っていたくらいだ。

今、「サブスクリプション型」、なじみのある言葉でいうと「定額制」方式で提供されるサービスが増えてきている。

身近なところでいえば、映像だとネットフリックス、流通業ではアマゾン（プライム）、デザイン領域でもアドビが定額制のサービスに大きく舵を切っている。

飲食店でもこの動きはあって、たとえばサンシャインジュースさんは、月額いくらかを払えば、質のよいサラダが月に何度でも食べ放題、というサービスをやっている。

スマホは劣化する。バッテリーもヘタるし、ガラスを割ってしまうことだってある。今大多数の人は新しいスマホを買ったら古いスマホを家でずっと持っている。でもこれは非常にもったいないことだし、新しいスマホに買い替える費用が捻出できなくて古いスマホを持っている、なんて状況だったら、これは最悪だ。

だから僕は、このオンラインサロンに入会してくれたら（今持っているスマホを買い取らせてもらう、という条件をつけるけれど）、無料でスマホを機種変更する（SIMカード購入や通信費は別途好きな業者に払ってもらう。迷っていればもちろんi+Remakerでコンサルする）。


このサービスには大きく分けて2つ利点があると思っている。

まずは保守面だ。常に新しいスマホを持てるということと、修理が無料なので安心してスマホを使い倒せること。

そしてもうひとつは、サロンに入っているメリットを感じやすいということ。月々何千円かのサロン会員費を払っても、従来型サロンだと（これはi+Remakerでも本質は同じだけど）自分から情報を取りに行ったり自分から動いたりしなければ、その本当のメリットは感じにくい。

でもこのスマホサービスがあれば、モノが手のひらにあるわけだから、サロンに入ってるメリットをダイレクトに感じられる。さらに修理や保守でi+Remakerを訪れたり、情報を見たりする機会が必ずあるので、なんというか「ナマケモノ」でも「人見知り」でも、自然とサロンに足が向くようになる。

僕は「はじめに」にも書いたけれど凡人だ。とてもじゃないけど、オンラインサロンに入って、ガンガン交流して、ガンガン成果物出して、ができる人種ではない。だからもっとやさしいサロンにしたいと思った時、このスマホサービスが思い浮かんできたのだ。

さて、でも「無料《タダ》より高いものはない」という。たぶん僕も今までの説明を一読者として初めて聞いたら、

「スマホ端末を無料にできる原資ってなんなの？」

「結局、会員費なんじゃないの？」

と訝しむだろうと思う。

ここまでに「i+Remaker は何で稼いでいるの？」をしっかり書いてこなかったので、そのことも含め、次項ではこの i+Remaker サロンで一体メンバーは何をするのか？を書きたいと思う。

i+Remaker=
人のるつぼへ

「i+Remaker って主力事業は何なんですか？」

これはよく聞かれる質問だ。確かに「修理事業」だけではここまで大きくなっていないし、オンラインサロンのプラットフォームになろうなんて大それたことはできない。

簡単に言うと、i+Remaker の強みは、

「どこよりも安く iPhone を買えます（修理もします）」

ということだ。主な取引先は次の通りだ。

株式会社サイバーエージェントさま（法人携帯修理契約）、株式会社ソフマップさま（端末売買）、株式会社光通信さま（端末供給）、ハウステンボス株式会社さま（端末供給）、H.I.S.Mobile 株式会社さま（端末供給）、株式会社 A.ver さま（端末供給）、株式会社ジラフさま（端末売買）、日本テレホン株式会社さま（端末売買）、株式会社イオシスさま（端末売買）、H.I.S.Impact Finance 株式会社さま（バックファイナンス）……等々。

ご覧の通り、東証一部上場の大手企業のほか、保育園・学校法人や学習塾など幅広い業種のお客さまとお取引させてもらっている。

具体的に何をしているかというと、社内で不要になった端末の買い取り、新規の社用携帯の販売、まぁ言ってしまえば企業さまのスマホに関わるすべてを担当しているわけだ。

どこよりも安くできたわけはいくつかある。第2話で話したオリジナルバッテリーがその筆頭だし、その他色々と細かい工夫を重ねて（詳細は企業秘密ってことで）業界内に敵はいないくらいのレベルだ。

気になった方は一度ご連絡くださると嬉しい。

さて、ということで資本がちゃんとあるということはわかってもらえたところで（笑）、オンラインサロンを作って入ってもらったメンバーに何をしてもらいたいのかを説明しよう。

簡単に言えば、自分のリブランディングをしてもらいたい。さらに言えば、自分の中の「仕事」の定義を変えていってほしい。

とにかく楽しいことを、楽しいようにやって、対価をもらう。その基礎づくりをi+Remakerサロンでともにやっていきましょうということだ。

次ページの図を見てほしい。

特に注目してほしいのは「ディグる」って言葉だ。これはＤＪがアナログレコードを探す時に使う言葉でもあるんだけど、そのまま「掘る」って意味でもある。i+Remakerの中ではこの言葉を「自己を再発見する」と置き換えて使いたい。

やりたくないことを掘り下げ、得意なことを掘り下げ、そうして再発見した自分で、自分自身をリブランディングして、最終的には「部長（リメーカー）」を目指してほしい。

i+Remakerサロンの内容

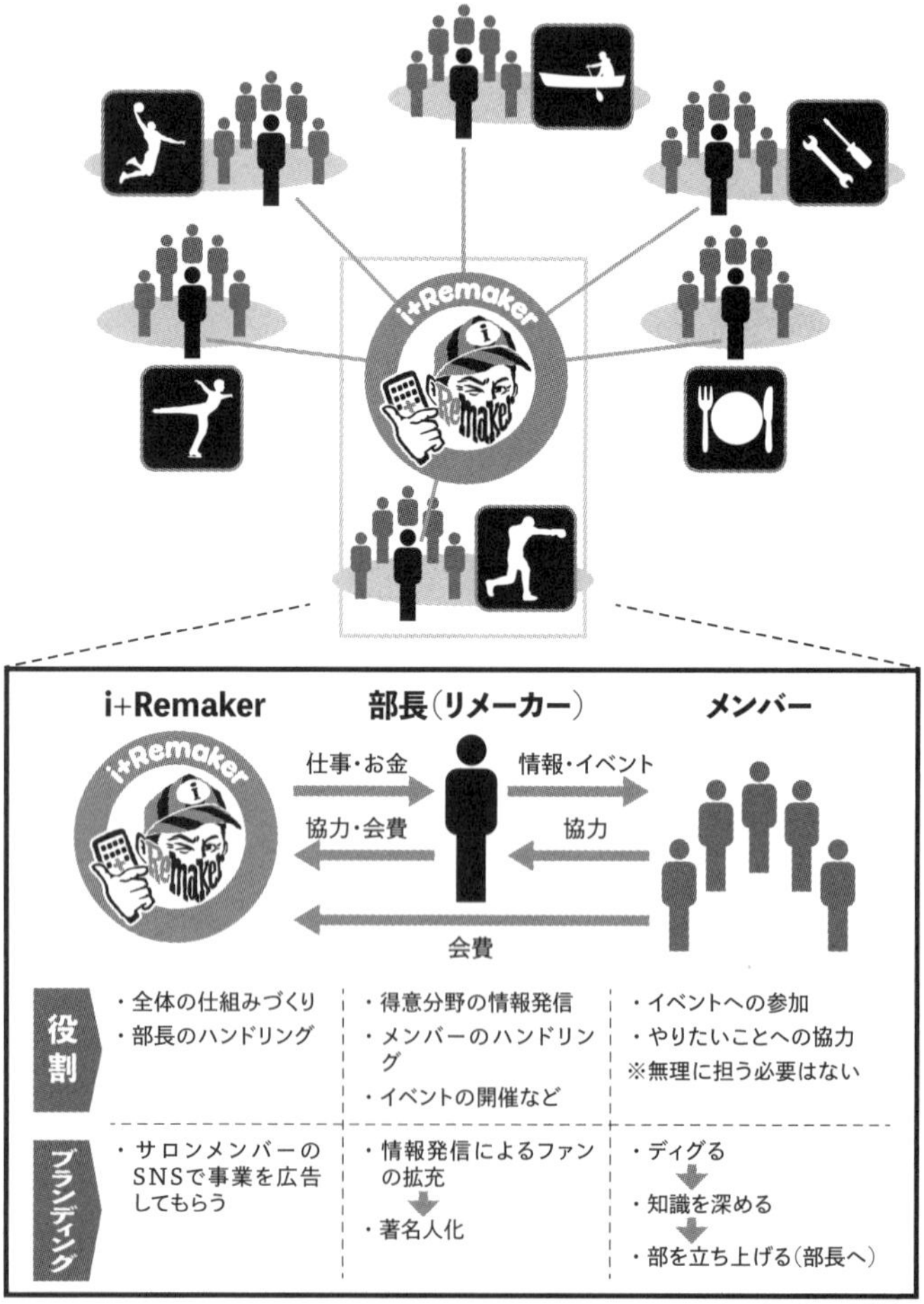

※2019年2月22日現在

部長には、i+Remakerサロン本部から、部の運営協力費としてしかるべき対価を払うし、仕事をばんばん回す。でも本業ではないわけなのでそれをやらなくたっていい。それこそ「やりたくないこと」だったら、他の部に回せばいい。

そうして色々なメンバーが、流動的かつ横断的に複数の部に所属し、リブランディングを成功させていってくれれば嬉しい。

ただ前項にも書いた通り無理はしなくていい。スマホ片手にロム専（見ているだけ）でもいいと思う。とにかく無理しない、やりたくないことはやらない、がこのサロンの軸にある。

さまざまな性格の、さまざまな能力を持った人が、i+Remakerに集まり、化学反応を起こす。ワクワクしてこないだろうか。i+Remakerはとにかくその点、自由に運営していければと考えている。

アメリカを例に考えたい。

「新大陸がある」

コロンブスが発信した情報によって、さまざまな人種の人々が新大陸へ渡った。そこは南北戦争を経て夢を描ける土地となった。

やがて、グーグル、アップル、フェイスブック、アマゾン、ツイッターと現代社会を担う企業やサービスが生まれた。

すべては、スペースなのだ。

空間、場所、宇宙……そこに想いが集えば、ビックバンが起こる。

僕はi+Remakerサロンを「やりたくないことはやらなくていい」を軸に集まった、「人のるつぼ」に育てたい。

ぜひ4月のローンチを楽しみにしていてほしい。

縛りつけあうな
惹きつけあおう

さて長々と書いてきたけれど、最後に2つだけ話をしたい。失敗と成功の話だ。

まずひとつめ、失敗の方。レディオブックを立ち上げて最初の1年に起こった話だ。フランチャイズで町田に出店した店舗で働いていた方が、売上金を横領したのだ。

その方は、雇った当初から、なかなか僕の言うことを聞いてくれなかった。出社時間を伝えてもその時間通りに来なかったり、お客さまに笑顔を向けなかったり、経理に書類を提出しておいてね、と伝えても一向に出さなかったり。

そして店舗運営もうまくいっていなかった。出店した当時は売上が結構よくて安心していたのだけど、それもどんどんと落ちていった。

「ねぇ、なんでこんなに売上が上がらないの？」

「そりゃ板垣さん、客が来ないからですよ。広告を打つとか、なんとかしてお客さんを呼び込む手段を考えてくれるのが、本部の仕事じゃないんですか？」

開いた口がふさがらなかった。もちろん本部（つまり僕だ）としても精一杯のことをやってあげたい。それが彼のためにも僕のためにもなるのだから。でも、限界もある。打合せを重ねても、彼の口から出てくるのは言い訳ばかりだった。

彼はとうとう辞めることになった。その最終出社日直前、お客さまからレディオブック本部に1本の電話が入った。町田店での修理金額についての問い合わせだった。スタッフが話を聞いたんだけど、全く話がかみ合わない。

本部に保管されている受付書の修理内容と、お客さまの言う金額が全然違ったのだ。

そこでよくよく調べてみると、本部に提出されていたその伝票は、元の伝票から取ったコピーで、金額を書き換えていることがわかった。その時に対応した者が誰だったかをお客さんに聞くと、例の彼だった。

その夜、徹夜して、本部に保管されている伝票をかたっぱしから調べた。

「マジかよ……」

血の気がひいた。折り線がある伝票がぼろぼろと見つかったのだ。

不正の内容を具体的に説明しよう。

お客さまが1万円払ったとする。しかし伝票には5000円と書く。本部に提出する伝票にはそのコピーを改ざんして、1万円と記載する。結果、1件につき差し引き

5000円を彼は自分の懐に入れていたのだ。小説にもならないような、あまりに簡単すぎる、しかし悪質な手口だった。

そしてまた、お客さまに渡さなければいけない iPhone の代替機が紛失した、という事件も同時に発生していた。実は iPhone には端末固有の「IMEI」という番号がついているのだが、それを元にWEBで調べてみると、当該 iPhone が某オークションサイトで販売されていることがわかった。

その出品者が某中古業者だったので、その iPhone は盗品の可能性があると連絡を入れ、販売をストップしてもらった。

町田警察署に捜査してもらうと、件《くだん》の彼が横流ししていたことが判明した。

＊

もうひとつ、成功の方。

前述した通り今レディオブックには、西野さんのオンラインサロン内「大学生部」のメンバー何人かが、「インターン2・0」として毎日遊びに来て、レディオブックのビジネスモデルを学んでいる。

でも、ただ遊ぶのでは面白くない。

そこで僕は、経営の内実もすべてオープンにし、手の内も明らかにした上で、「さぁ、やりたいことをやっていいよ」というスタンスをとった。学生たちは自分で選んだ事業に取り組み、目標粗利を設定し、達成時の報酬の何パーセントかを対価としてもらえる仕組みだ。

みんな面白がってやってくれている。何よりも嬉しかったのは、

「どんな就活をしていた時よりも、ここが楽しい」

と学生のひとりが言ってくれたことだ。

そりゃそうだろうな。やりたいことだけをやっているのだから。そこに無駄なストレスや、無駄な忖度は発生しない。おべっかも必要ない。自由にレディオブックという遊び場で暴れ回ってほしいと思う。

＊

さて、最後であえて失敗例も出したのは、僕自身学ぶことが多かったからだ。何よりも、

「〈労働〉をさせてはいけない」

という言葉を胸に深く刻んだ。僕は、「労働」という言葉が大嫌いだ。やりたくないことやや辛いことを耐え、その対価としてお金をもらう。でも、そんな、僕が最も嫌だったことを、レディオブック立ち上げ当初の僕はスタッフたちにさせてしまっていた。「いや、これはやりたくないです」そう自分から言える人ばかりじゃない、ということがわかっていなかった。未熟だった。

だから、今のレディオブックはとにかく風通しよく、学生だから社会人だからフリーだからとか関係なく、「やりたくないことはやらなくていい、やりたいことだけやればいい」という世界を作ろうと努力している。

レディオブックという「遊び場」を維持し、そしてもっとこの「遊び場」に人を呼びたい。

それも、俺がこれをするからお前はこれをしろよ、と縛りつけあうような関係ではなく、僕はこれが嫌いだけど君はこれが好きだからやってくれ、その逆も然り。というような、人が人を愛し呼びあうような、そう、惹きつけあう関係でレディオブックを大きくしていきたい。

この「遊び場」の「人と人とのかすがい」が、僕の役割だと信じている。そのために この本を書いた。

君がもし今の環境で絶望しているとしたら、今すぐレディオブックに遊びに来てほしい。そしてやりたくないことを語ろうじゃないか。

誰かが苦手なことは、誰かが好きなことだ。
誰かがやりたくないことは、誰かがやりたいことだ。

もっと楽に、心向くままに、生きていこう。
そうそう、スマホを忘れずにね。

やりやら装丁物語〜「元気でかっこいい」とは何か？〜

前田高志

僕は3年前、父の認知症が悪化したのをきっかけに人生をリセットすることにした。約15年勤めた任天堂を退職し、デザイナーとして再始動したのだ。

その時に「人生でやりたいことリスト100」を書いた（「やりたくないこと」の本なのに真逆で申し訳ない）のだが、リストの1番目に書いたのが何を隠そう、「装丁」だ。

というのも、僕は任天堂時代にずっと新卒採用向けの会社案内を作っており、そこで「本作り」の魅力に取り憑《つ》かれていた。企画、構成、紙選び、デザイン、こだわればこだわるほど思いが形になるのが快感だった。

しかし、装丁の仕事にはなかなか巡り逢えなかった。僕が幻冬舎・箕輪厚介さんのオンラインサロン・箕輪編集室に入ったのも、装丁に近づきたかったからだ。

そんなある日、箕輪さんのツイッターを見た板垣さんからメッセージがきた。「幻冬舎から本を出すので、装丁をお願いしたい」。もちろん興奮したけれど、まずは実際に会ってから決めよう、と自分を落ち着かせた。

数日後、板垣さんと幻冬舎・片野さんと会って話を聞いた。「効能重視のいわゆるビジネス書にしたくない」「CDジャケットのように、本棚に飾っておける本」「タイトルが読めなくてもいい」と聞いて、近い価値観に感動し正式に装丁をやらせていただくことにした。

装丁に取りかかるにあたって、まずは書店に足を運んでみた。すると、蛍光ピンクを使用した本が目立っている。思い返せば、僕のオンラインサロン「前田デザイン室」のメンバーみんなで作った雑誌『マエボン』にもピンクを使った。書店でいい意味で浮いて、

「なにこれ?」と手に取ってもらうことを目指したからだ。

同じように、「やりやら」もビジネス書コーナーで異彩を放ちたかった。ただ、板垣さんの初めての著作であるし、ピンクよりもi+Remakerのブランドカラー「赤・黒・白」を使うのが自然と考えた。

板垣さんが出張で大阪に来た時に、肉を食べに行った。「板垣雄吾」という人間を知れば知るほど、「やりやら」の中身が気になっていった。もっと多くの人に板垣さんを知ってもらいたい。これがこの本の売り上げに直結し、イコール装丁の核となる。

そこで「やりたくないおじさん」というキャラクターを打ち出すのが良いんじゃないか、という案が浮かんだ。その案をもとに猛烈なスピードで前田デザイン室メンバーのｅｎｄｏさんがＬＩＮＥスタンプを企画してくれた。

その後、タイポグラフィ、幾何学模様、イラストを検討したが、最も苦労したのはどうしても「エッセイ」風になってしまうことだ。僕のデザインはもともと、どこかポップでかわいい印象を見た人に与える。これが本になると、「エッセイ」に見えてしまうのだ。写真を使えば解決しそうだけど、それこそいわゆる「ビジネス書」になってしまい、書店で差別化できない。だから、写真を使った案は最初から考えていなかった。

さて、どうするか？　ふと、編集の片野さんが言っていた「ビジネス書は元気になるもの」という言葉が頭をよぎった。そうだ。「やりやら」は「元気でかっこいい」ものにしたい。では「元気でかっこいい」とは何か。それは「自信」じゃないだろうか。ビジネス書は、内容にも装丁にも「自信」が満ち溢《あふ》れているものこそが、読まれるのではないか。

そこで、「やりやら」が明快に伝わるアイコンを、思い切ってでかでかと入れることにした。

板垣さんはゲームのように人生を楽しんでいる。そう僕は感じたから、この本を読む方々にも同じように、小難しく考えずに肌感覚で楽しんでもらいたかった。

「あ！　やらなくていいんだ！」

と気づきを与え、ひと目で元気になる。

そんな装丁を目指した。

本書の装丁があなたの感情を少しでも動かして手に取ってもらうきっかけとなり、そして「この本は家に置いておきたい」「誰かに教えてあげたい」と思っていただけたなら……。

デザイナーとして、これ以上の幸せはない。

やりやら PROJECT STAFF

著者
板垣雄吾

装丁
前田高志

やりやらおじさんLINEスタンプ制作
endo a.k.a. うさぎ帝国

企画協力
前田デザイン室

DTP
美創

編集協力
今藤弘一　井手晃子

編集
片野貴司（幻冬舎）

板垣雄吾
Yugo Itagaki

レディオブック株式会社　代表取締役/CEO。

1980年2月21日生まれ。2児の父。

大学在学中にバンド「スラッシュ」のメンバー(Vo.)としてインディーズ・デビュー。Shibuya eggmanなどでのライブが好評を博すも、就職活動によるメンバーの脱退が相次ぎ、自然解散。

大学卒業後は、田村潔司氏の主宰するジム「U-FILE CAMP」に入会し、田村氏へ弟子入り。プロ総合格闘家として有明コロシアムでデビューする。何戦か重ねたのち、プロ格闘家としては一線を退き、個人事業主としてECサイトを運営開始。「膣トレ」グッズや「ユーグレナ」の販売などを行う。

2013年、「iPhone修理のレディオブック」を立ち上げる。14年、日本で初めてTSUTAYAにiPhone修理サービスを導入、その後レディオブック株式会社として法人化。

売上は順調に伸びたが人件費の高騰により5000万円の赤字を抱えてしまう。15年、iPhone修理ブランド「i+Remaker（アイリメーカー）」としてリブランディング。これが当たり、単独店舗で年商2億円を達成。フランチャイズ加盟店は現在も日本全国にエリアを拡大している。19年3月8日に総務省認定「登録修理業者」として総務大臣から認可を受けた。

また、社員は経理担当1人のみ、その他はフリーランスを多数抱えるという組織体制をとり、彼らの独立支援も行っている。

やりたくないことはやらなくていい

2019年3月25日　第1刷発行

著　者　板垣雄吾
発行者　見城 徹

GENTOSHA

発行所　株式会社 幻冬舎
〒151-0051 東京都渋谷区千駄ヶ谷4-9-7
電話　03(5411)6211(編集)
03(5411)6222(営業)
振替　00120-8-767643
印刷・製本所　株式会社 光邦

検印廃止

ISBN978-4-344-03407-5　C0095
幻冬舎ホームページアドレス　http://www.gentosha.co.jp/

この本に関するご意見・ご感想をメールでお寄せいただく場合は、
comment@gentosha.co.jpまで。